JN153700

詩篇365の黙想と祈り

篠原 明［著］

いのちのことば社

装丁　長尾　優
写真　土岐至孝

はじめに――詩篇の祈りを自分の祈りとするために

ユージン・ピーターソン（現代米語訳聖書『ザ・メッセージ』の翻訳者）が語ったエピソードです。彼がまだ牧師をしていた時代に、カナダ・バンクーバーのリージェントカレッジでサマーコースを教える機会がありました。講義内容は詩篇。最初の授業でピーターソンは、「詩篇は祈りである」という話をしたそうです。すると授業が終わった後で、ある学生がクレームをつけてきました。「私は詩篇を学ぶためにこの授業を取っているのに、どうして祈りの話なんかするんですか！」　驚いたピーターソンはこう答えました。「詩篇は祈りではないのか!!」

◎詩篇と祈り

「主は私の羊飼い。私は乏しいことがありません」という詩篇23篇から慰めと励ましを得た人、「神へのいけにえは　砕かれた霊。打たれ　砕かれた心。神よ　あなたはそれを蔑まれません」という詩篇51篇から悔い改めを導かれた人は、数限りないでしょう。私もその一人です。そのように、詩篇のことばは私たちクリスチャンにとって折にかなった助けとなり続けてきました。

そもそも詩篇とは、聖書の中でどのような書なのでしょうか。詩篇は古代イスラエルの祈りと賛歌であり、彼らの礼拝で用いられるために作られたと言われています。[1]キリスト教の歴史の中で、多くの先人たちが「詩篇が祈りである」ことを証言してきました。その一人が宗教改革者マルティン・ルターです。「いったい詩編は、神への祈りと賛美、すなわち賛歌の書以外の何でしょう。こうして神のきわめて憐れみ深い霊は、後見を要する孤児たちの父親、または幼児たちの教師として、わたしたちが何をどう祈ったらよいか知らないのを見て、わたしたちの弱さを助けてくれるでしょう」。[2]つまり父なる神さまは、どのように祈ったらいいのか分からないご自分の子どもたちに対して、「祈るための言葉をも心の動きをも」備えてくださるのです。それが詩篇なのです。[3]

ボンヘッファーも「聖書の祈禱書」という小著の中で、詩篇が祈りであることを語っています。「聖書の中には、祈りだけを含む点において、他の聖書のあらゆる書物とは相違する書物がある。それは詩篇である。聖書に祈禱書があることは、先ずまことに不思議な事柄である」[4]

このようにクリスチャンの先人たちは、詩篇のことばを通して祈りを学び、詩篇を祈ることによって祈りが導かれることを求め、実践してきたのです。

◎「詩篇を祈る」とは

それでは「詩篇を祈る」とは具体的にどういうことなのでしょうか。三つの点から考えてみましょう。

第一に、「詩篇を祈る」とは、父なる神さまの語りかけから祈りを導かれることです。それはちょうど、幼い子どもが父親や母親から毎日語りかけられることによって話せるようになることと同じです。「子が話すことを学ぶのは、父が彼に話すからである。彼は父親の言葉を学ぶ。そのように私たちが神に語るのを学ぶのは、神が私たちに語られたからであり、また語りかけているからである」[5]

第二に、「詩篇を祈る」とは、神さまが私たちをこのように祈らせようと思っておられるように祈ることです。詩篇を通して神さまはこう言っておられるかのようです。「あなたはどう祈ったらいいか分からないだろう。でも、心配することはない。どう祈ったらいいか、しかもその祈りが口先だけのことばにならず、心の底からすべてを打ち明けたものとなるように、わたしが一つ一つ言葉を与えよう。それが詩篇だ」

このことについてボンヘッファーはこう語っています。「こうして聖書が祈禱書をも含むために、私たちは、神の言葉に属するのは神が私たちに語るべき言葉だけでなく、それが神の愛する子の言葉であるために、神が私たちから聞こうとしている言葉だということを学ぶ」[6]

第三に、「詩篇を祈る」とは、神さまの御前で私たちが極みまで正直になる、すなわちありのままの自分になるということです。詩篇にはダビデをはじめとする神の民の嘆き、悲しみ、恐れ、疑い、さらには敵に対する呪いや復讐心まで書かれています。カルヴァンが詩篇を「魂のあらゆる部分の解剖図」[7]と呼んでいるとおりです。私たちの心の中にある感謝や賛美だけではなく、嘆きや呪いまでも、そのまま神さまに注ぎ出して祈ること、そのことを詩篇のことばは導いているのです。

このように詩篇を読んでいくと、私たちは戸惑いを禁じえなくなります。「イエスさまは『自分の敵を愛し、自分を迫害する者のために祈りなさい』（マタイ5・44）とお命じになった。それなのにクリスチャンが敵を呪っていいのか」と。これは二つのことを私たちに教えています。第一に、神の前ではそこまで正直になるということです。第二に、呪いや復讐は、直接相手に向けるものではなく、神に向けるものだということです。復讐は神のものです。正しいさばき主である主にゆだねるということです（ローマ12・19参照）。

言い換えると、詩篇に記された呪いや復讐心は、「なぜ詩篇にはこんなにも呪いや復讐のことばが書かれているのか」と思っていた私たちに、「私の心にも同じように呪いや復讐の思いがある」ということに気づかせるものなのです。その意味でも詩篇の祈りが私たちの祈りとなるのです。

さらにこのことは、詩篇百五十篇全体の構成とも関連しています。ロングマンによると、詩篇の中にはそのように嘆きが頻繁に見られる最初の部分から、賛歌が中心となる結びの部分へと至る全体的な進展が見て取れます。「たとえ賛歌よりも多くの嘆きの詩篇があるとしても、賛歌が嘆きを圧倒している。したがって、私たちは詩篇を最初から最後まで読むとき、神が『嘆きを踊りに変えてくださ』るという強い印象を持つ（詩篇30・11ａ）」[8]

まさに私たちは、詩篇のみことばを味わい、詩篇を祈ることを通して、「嘆きを踊りに変えてくださ」る神さまの恵みを味わい知るのです。

詩篇が力を失うと共に、キリスト教会は無比の宝物を喪失し、それを奪い返すことによって、思いもうけない力が教会に入るであろう。[9]　――ボンヘッファー

◎四つの実践――どのようにディボーションの時を持つか

『詩篇 365の黙想と祈り』の毎日分は、三つの部分（その日の詩篇箇所の黙想、質問、祈り）で構成されています。

ディボーションを持つときに、四つのことを実践してみましょう。

(1)神さまが詩篇のことばを通して語りかけてくださるように祈る。
(2)その詩篇全体を読んで、詩篇の流れ（文脈）をつかむ。
(3)「その日の箇所を何度も繰り返し読んで、「今、私は、この詩篇のみことばを通して神さまと交わっている」ということを求めながら、じっくり黙想し（思い巡らし）、祈る。
(4)その日の「質問」で考えたことや黙想して気づいたことを、忘れないように（整理するために、深めるために）必ずメモを取る。

詩篇は古代イスラエルの民の礼拝に使われたものです。そしてキリスト教会の礼拝の中でも、さまざまなかたちで使われてきました。非常に個人的な内容が語られながらも、共同体的なものです。ですから、個人のディボーションで詩篇を味わい祈るとともに、家族、友人、教会の交わりの中でともに詩篇を味わい祈りましょう。

1 ゴードン・D・フィー、ダグラス・スチュワート『聖書を正しく読むために［総論］――聖書解釈学入門』関野祐二監修・和光信一訳（いのちのことば社、二〇一四年）、三三一、三四一頁。
2 ルター「序文」『ルター著作集』第二集第三巻（第二回詩編講義）竹原創一訳（リトン、二〇〇九年）、一二頁。
3 前掲書、一三頁。
4 ボンヘッファー「聖書の祈禱書」生原優訳『ボンヘッファー聖書研究　旧約篇』生原優・畑祐喜・村上伸訳（新教出版社、二〇〇五年）、一三六頁。
5 前掲書、一三六頁。
6 前掲書、一三七頁。
7 カルヴァン「序文」『カルヴァン・詩篇註解Ⅰ』出村彰訳（新教出版社、一九七〇年）、六頁。
8 Tremper Longman III, *Psalms*, TOTC (Downers Grove, IL: IVP, 2014), p. 36.
9 ボンヘッファー前掲書、一四二頁。

1

1月1日 ―― 1篇

「**幸いなことよ**」「**主のおしえを喜びとし**」

私たちは今、150ある詩篇という「聖所」に招かれています。詩篇という聖所に入り、「幸いなことよ」という祝福を存分に味わい知るための秘訣は何でしょうか。それは悪を避けること、そして「主のおしえ」を喜びとし、「昼も夜も」それを「口ずさむ」ことです。

昼も夜もみことばを思い巡らすためにできることを、一つ考えましょう。

祈り「主よ、私を、みことばを喜び、口ずさむ者としてください」

2

1月2日 ―― 2篇

「**わたしが今日 あなたを生んだ**」

ダビデに代表されるイスラエルの王は、主が油を注いだ王です。イスラエルの王も、国々の王たちも、主を恐れ、主に従うことこそが幸いへの道です。「あなたはわたしの子。わたしが今日 あなたを生んだ」（7節）ということばは、キリストにおいて成就しました。

あなたにとって「主に身を避ける」（12節）とはどうすることでしょうか。

祈り「御子イエスさま、あなたこそ王の王、主の主です。私を、あなたを愛し、恐れ、あなたに仕え、身を避ける者としてください」

3

1月3日 ―― 3篇

「**彼には神の救いがない**」「**救いは主にあります**」

この詩篇の背景には、ダビデがその子アブサロムから逃れたことがあります。ダビデは（そして私たちは）苦難を前にして、だれの声を聞いているでしょうか。「彼には神の救いがない」という声でしょうか。「救いは主にあります」という声でしょうか。

ダビデは「**主**よ 立ち上がってください」（7節）と叫びました。あなたの心は今、主に何と叫んでいるでしょうか。

祈り「救いは主にあります。主よ、立ち上がってください」

4

1月4日 ―― 4篇

「平安のうちに私は身を横たえ」

この詩篇は一日の営みを終えて、すべてを主の前に差し出して、主の御手に収めていただいているようです。私たちが追いつめられても、その苦しみを主の前に祈るとき、主は必ず聞いてくださり、ご自分の聖徒を特別に扱われ、喜びと平安に満たしてくださいます。

この詩篇で、主がしてくださることを数え上げましょう。その中で、あなたが今、主から一番必要としていることは何ですか。

祈り「主よ、ただあなただけが、安らかに、私を住まわせてくださいます」

5

1月5日 ―― 5篇

「あなたに身を避ける者がみな喜び」

ダビデは朝明けに主の御前で祈ります。ダビデにとってこの日はうめきや叫びをもって祈るような一日だったのかもしれません。今日が穏やかな日ではないとしても、ダビデは主の前に正しく歩み続けることができるように、主の導きを祈ります。主は、御名を愛する者たちの祈りを聞いてくださり、ご自分に身を避ける者をかばってくださり、大盾のようにいつくしみでおおってくださいます。

私たちは今日、どのようなことを主におゆだねし、主に身を避けることができるでしょうか。

祈り「主よ、今日一日をあなたにおゆだねします。私自身を誇るのではなく、主を誇りとすることができますように」

6　1月6日 —— 6篇

「主よ あなたはいつまで——」

ダビデは神の怒りを受けていると思うほどの苦しみの中にいました。彼の骨まで恐れおののき、死を覚悟するほどでした。これはダビデが苦しみを味わい尽くす中で生まれた詩篇です。その中でこそダビデは、「**主**が私の泣く声を聞かれた」という確信に導かれました（8節）。

あなたの苦しみを一つ、主の前に差し出して祈りましょう。

祈り「たとい主から 差し出される 杯は苦くても、恐れず、感謝をこめて、愛する手から受けよう」（ボンヘッファー「善き力にわれかこまれ」〔『讃美歌21』四六九番〕）

7　1月7日 —— 7・1〜8

「私の義と 私にある誠実にしたがって」

主は御座に着いて諸国の民をさばく方です。私たちはパウロのように、神と人の前に責められることのない良心を保つように、最善を尽くさなければなりません（使徒24・16）。そのときに御霊が示してくださる聖めのわざに従います。その上で主の正しいさばきにゆだねましょう。

御霊はあなたの良心に、今、何を語っているでしょうか。

祈り「正しくさばく主よ、私のことも、私をさばく者のことも、あなたにゆだねます。恵みの主よ、私はあなたに身を避けます」

8　1月8日 —— 7・9〜17

「正しい神は 心の深みまで調べられます」

ダビデは復讐を願っているのではありません。

神が正しいさばきを行うことを願っています。神は「心の深み」まで調べます（ダビデ自身の心も）。悪を図る者は、自分の悪の中に陥ります。彼らの最後を悟ったダビデは、復讐ではなく、神への賛美へと導かれました。

あなたの心は今、復讐に向かっていますか。賛美に向かっていますか。

祈り「心の深みまでお調べになる主よ、自分の正しさではあなたの前に立つことができない私を、十字架の恵みで満たしてください」

9

1月9日 ―― 8篇

「あなたの御名は全地にわたり」

この詩篇は私たちの目を、全地にわたる主の力と栄光に向けます。私たちは全宇宙を創造した神の偉大さを仰ぎ見ながら、主が人に心を留めてくださることの不思議に思いを向けましょう。主はちっぽけな私を心に留めて、「栄光と誉の冠」をかぶらせてくださいました。

この詩篇を通して、あなたの小ささと大きさとして気づいたことを挙げてみましょう。

祈り「全地にわたるご威光をもった主よ、あなたが私を心に留めて、『栄光と誉の冠』をかぶせてくださる恵みを感謝します」

10

1月10日 ―― 9・1〜10

「主は虐げられた者の砦」

ダビデは「心を尽くして」主に感謝をささげています。「心を尽くす」ということを彼はどう実行しているでしょうか。彼が徹底して見つめた現実は、(1)彼が直面している苦しみ、彼の敵が最後にどうなるか、(2)主は必ず正しいさばきをしてくださる「砦」である、ということでした。

あなたが主の「砦」に守られていることを、思い巡らしましょう。

祈り「虐げられた者の砦、苦しみのときの砦なる主よ、あなたを求める者を決してお見捨てにならない愛で、私を支えてください」

11

1月11日 ―― 9・11〜20

「死の門から私を引き上げてくださる方よ」

ダビデは自分が受ける苦しみにどのように対処していたでしょうか。攻められて苦しむ（攻め返す）、という時期もあったでしょう。「私を憎む者から来る私の苦しみをご覧ください」（13節）。ダビデは、敵も自分の苦しみも主の前に差し出して、主のお取り扱いにゆだねました。

今、心に浮かぶ日常生活の重荷を一つ、主に差し出しましょう。

祈り「主よ、あなたは貧しい者、苦しむ者の叫びを決してお忘れになりません。私が受ける責めも悩みも、御前におゆだねします」

12

1月12日 ―― 10・1〜13

「主よ 立ち上がってください」

9篇に続いてダビデは、彼を苦しめる者のことを神に訴えます。ダビデを侮る者は神を侮っているのです。なぜでしょうか。彼らは心の中で、ダビデをどれだけ苦しめても、神はそれを「追及することはない」（13節）と言っているからです。これは神を侮ることです。

あなたを侮る人がいますか。あなたはだれかを侮っていませんか。

祈り「主よ、私を侮る者は、あなたを侮っているのです。主よ、立ち上がってください。貧しい者を忘れないでください」

13

1月13日 ―― 10・14〜18

「それを御手の中に収めるために」

私たちが苦しみにあい、「主よ、いつまでですか」「立ち上がってください」と叫ぶとき、主は私たちを忘れているのでしょうか。いいえ。主は私たちの苦しみを御手に収めるために、じっと見つめておられるのです。王なる主は御手をもって最善をしてくださいます。

あなたの労苦や苦痛を、主が御手に収めてくださる様子を想像してみましょう。どんな思いに導かれましたか。

祈り「主よ、私の苦しみを御手に収め、私の心を強めてください」

14 1月14日 ―― 11篇

「主に私は身を避ける」

私たちの周りには、「鳥のように 自分の山に飛んで行け」とたましいに語る声が満ちています。つまり、「もう無理だ。おまえにできることは、あきらめて身を引くことだ」という声です。偽りの声に騙されてはいけません。そのときこそ、主に身を避ける時です。主は聖なる宮におられ、天の王座に着き、私たちの拠り所なる方です。

あなたにとって「主に身を避ける」とは、どうすることですか。

祈り「主よ、私はあなたの御顔を仰ぎ見、あなたに身を避けます」

15 1月15日 ―― 12篇

「主のことばは 混じり気のないことば」

ダビデは敬虔な者がいなくなったこと、そしてへつらいと傲慢のことばで彼を苦しめる者のことを嘆いています。その中でダビデは、混じり気のない主のことばに救いがあることを教えられました。苦しむ者を助けるために、主は立ち上がるという約束のことばです。

あなたを苦しめることばがあれば、それを主に差し出しましょう。

祈り「主よ、私を苦しめることばを断ち切り、あなたの『混じり気のないことば』によって、私を救い、生かしてください」

16

1月16日 ―― 13篇

「主よ いつまでですか」

悩み、悲しみ、敵の攻撃の中にいると、「神は永久に私を忘れているのではないか」と思ってしまいます。「主よ いつまでですか」というダビデの叫びは、文字どおり「○○までだ」と期間を聞くことによってではなく、神の契約に基づく愛と恵みは決して変わることがないということに目が開かれることで、賛美へと変えられました。

「いつまで」という叫びが賛美に変えられた秘訣は何でしょうか。

祈り「主よ、あなたの恵みに拠り頼むことを、私に教えてください」

17

1月17日 ―― 14篇

「神は 正しい一族とともにおられるからだ」

私たちは神の側にいる。神は正しい者とともにおられる。私たちの避け所は主である。これがこの詩篇の確信です。イスラエルも偶像礼拝の罪を犯しました。たとえそうだったとしても、イスラエルの拠り所は、神は彼らとともにおられ、踏みにじられるときの避け所である、ということでした。私たちもこの確信に立ちましょう。

あなたの心の中に「神はいない」という思いはないでしょうか。

祈り「主は私とともにおられる方、私の避け所です。感謝します」

18

1月18日 ―― 15篇

「このように行う人は 決して揺るがされない」

この詩篇は行いによる義を教えているのでしょ

うか。そのように正しく歩んだ唯一の方は、イエスさまだけです。イエスさまを信じることで、イエスさまの正しい歩みが私たちのものになります。信仰によってイエスさまと一つにされた者として、御霊の力によって、イエスさまの正しい歩みに生かされることを求めましょう。

これらの正しい行いの中で、特にあなたに必要なのは何ですか。

祈り「主よ、私を、決して揺るがされない者としてください」

19 1月19日 ―― 16・1〜5

「私の幸いは あなたのほかにはありません」

私たちはどうでしょうか。ダビデと同じ確信を主に告白しているでしょうか。「私の信仰は弱いから、口先で言っても、すぐに確信が揺らいでしまう（だから言わない）」という思いがないでしょうか。この詩篇は、そのような心の揺らぎを脇に置いて、ストレートにこの確信を主に告げる幸いを、私たちに教えています。

この詩篇の中から、幸いが主にある根拠を書き出してみましょう。

祈り「私の主よ、私の幸いは、あなたのほかにはありません」

20 1月20日 ―― 16・6〜11

「私はほめたたえます。助言を下さる主を」

主を「私の主」（2節）とし、主にある喜びに満たされたダビデの歩みの秘訣は何でしょうか。それは主との交わりのうちにとどまることでした。「助言を下さる**主**を」「夜ごとに内なる思いが私を教えます」「私はいつも**主**を前にしています」「主が私の右におられるので」。

主との交わりを深めるために、あなたができることは何でしょうか。

祈り「助言を下さる主よ、私を、朝ごとに夜ごとにあなたの御声を聞き、あなたの助言によって歩む者としてください」

21

1月21日 ―― 17・1〜7

「主よ 聞いてください 正しい訴えを」

この詩篇は表題が示すように、まさにダビデの「祈り」です。主に対する、彼の真剣で真実な叫びです。主は自分の正しい訴えを必ず聞いてくださる――このことに彼の祈りのすべてがかかっています。

私たちは欠けだらけの者です。罪赦された罪人にすぎません。そんな私たちに、「主よ 聞いてください 正しい訴えを」と祈ることは許されているのでしょうか。この祈りは高慢ではないでしょうか。

祈り「主よ、それでも私は祈ります。『聞いてください。私の正しい訴えを』」

22

1月22日 ―― 17・8〜15

「主よ 立ち上がり 彼の前に進み行き 打ちのめしてください」

ダビデが祈り求めているのは仕返しです。主が立ち上がり、彼の敵の前に行き、打ちのめすことです。迫害する者のために祈りなさいというイエスさまの命令（マタイ5・44）は、復讐することを祈りなさいという意味でしょうか。ここでわかることは、⑴ダビデは主の前で自分をとりつくろわず、極みまで正直でした。⑵仕返しを祈るほどの激しい祈りを経て、彼は主の御顔を仰ぎ見、主の御姿に満ち足りる者となりました。

私たちも仕返しや復讐を祈るべきでしょうか。

祈り「仕返しを願う私の心を、主の御姿で満ち足らせてください」

23 1月23日――18・1〜6

「わが力なる主よ。私はあなたを慕います」

これまでの詩篇のように、ダビデは繰り返し「主よ 聞いてください」と祈ってきました。これは「主は私を守る堅固な巌ですよね。だったら救ってください」という叫びでした。主はご自分がダビデを救う堅固な砦であることを力強く現しました。ダビデがしたことは、「死の綱」に取り巻かれた中で、主を慕い求め続けることです。

あなたの心に今、「私は主を慕います」という思いがありますか。

祈り「わが巌、わが砦なる主よ、私はあなたを慕います」

24 1月24日――18・7〜15

「主は天に雷鳴を響かせ」

地の揺らぎ、雷鳴の響きを通して主の怒りが表現されています。主は怒る神です。主の怒りは地が揺れ動くように、雷鳴が響き渡るように絶大な力で現されます。しかし、雷自体は神の怒りではありません。雷鳴を聞くときに、主の怒りの大きさを思い出してみましょう。

あなたはどのようなときに、「神は怒る方だ」と思いますか。

祈り「主よ、あなたがもし、不義に目を留められるなら、だれが御前に立てるでしょう。私は主の赦しにすがります」（詩篇130・3参照）

25 1月25日――18・16〜24

「けれども 主は私の支えとなられました」

わざわいの日には、「主は私の支え」（18節）と言いましょう。「主がおまえを支えるはずがない」という声に対しては、「主が私を喜びとされたからです」（19節）と応じましょう。主が私の義に従って顧みてくださるのは、キリストを信じる者を、キリストの義を通して見てくださるからです。主は御手を伸ばして私を捕らえ、引き上げてください。
「主が私を喜びとされた」と聞いて、率直にどう思いましたか。

祈り「私を喜びとされる主よ、あなたの恵みは驚くばかりです」

26 1月26日 ―― 18・25～30

「あなたによって 私は防塞を突き破り」

主の恵みによって、私たちは敵の「防塞を突き破り」、「城壁を跳び越え」る者とされます。主は「私のともしび」をともして、「私の闇」を照らします。そのような恵みを体験するための秘訣は何でしょうか。「あなたは 恵み深い者には恵み深く」（25節）ということです。主の恵みによって生かされている者として、恵み深い者になることを求めましょう。
「恵み深い人」と聞くと、あなたはだれを思い浮かべますか。

祈り「主よ、あなたの深い恵みによって、私を恵み深い者としてください」

27 1月27日 ―― 18・31～42

「神は私に力を帯びさせ」

主はどのようにしてダビデを（そして私たちを）救ってくださるでしょうか。私たちに「力を帯びさせ」、鍛えてくださることによってです。私たちを整え、敵に対して圧倒的な勝利者としてくださいます。私たちの能力ではなく、主の御手によって強くされるのです。
主は今、どのようにしてあなたに力を与えているでしょうか。

祈り「岩なる主よ、あなたは私に力を帯びさせ、戦いのために私の手を鍛え、私を支え、圧倒的な勝利者としてくださる方です」

28

1月28日――18・43～50

「**主は生きておられる**」

この詩篇を通してダビデが導かれたのは、「**主は生きておられる。ほむべきかな　わが岩**」という信仰告白でした。この賛美は、「この神は　私のために復讐する方」という告白と表裏一体になっています。復讐は私たちがすることではありません。主がなさることです。

あなたは復讐したい思いがありますか。それを主に祈りましょう。

祈り「主は生きておられる。ほむべきかな。あなたは私の心の苦しみをご存じです。復讐を求める私の思いを御手に収めてください」

29

1月29日――19・1～6

「**天は神の栄光を語り告げ**」

この詩篇は私たちに天を見上げるように呼びかけています。自分自身と身近なところに目を向けることも大切です。その一方で、この詩篇は私たちが天を見上げて、創造の御手のわざに現された神の栄光に心を向け、十分に味わい、圧倒されるように招いています。

天を見上げて、神の栄光を思い描いてみましょう。

祈り「主よ、天はあなたの栄光を語り告げます。太陽の熱から隠れるものがないように、主の栄光から隠れられるものはありません」

30

1月30日――19・7～14

「**主のおしえは完全で　たましいを生き返らせ**」

神の栄光を語り告げる天、そこを喜び走る太陽、ほかにどんな壮大なものがあるのかと思った瞬間、「主のおしえ」が砦のようにそびえ立ちます。私たちのたましいを生き返らせ、心を喜ばせるもの、隠れた罪から解放し、傲慢から守り、私たちの

「心の思い」が御前で受け入れられるようにするものは主の教え、神のことばのみです。「**主**のおしえは完全で　たましいを生き返らせ」（7節）ることを黙想しましょう。どんなことを探られましたか。

祈り「神のことばによって私のたましいを生き返らせてください」

31

1月31日――20・1〜5

「**主が聖所からあなたに助けを送り**」

これは王のために祈る詩篇です。神がご自分のみこころと正義を行うために油を注いだ王に、神の助けと祝福を祈っています。私たちは国や社会の指導者が正義を行うために、そして神の働き人がみこころを行うためにも、とりなして祈らなければなりません。

あなたの祈りを必要としている指導者や働き人はだれでしょうか。

祈り「主よ、○○が苦難の日に、お答えください。助けを送り、支えてください。あなたのすべての計画を遂げさせてください」

32

2月1日 ―― 20・6～9

「ある者は戦車（いくさぐるま）を　ある者は馬を求める」

戦いのときには戦車が必要です。馬も必要でしょう。私たちが生きていくためになくてはならないものや便利なものがたくさんあります。そうしたものが与えられたときは感謝しましょう。しかし、「**主**の御名を呼び求める」ことに代わるものは、何もありません。主の御名とは主ご自身だからです。

あなたが「**主**の御名を呼び求める」こと以上に、求めているもの（拠り頼んでいるもの）はないでしょうか。

祈り「主よ、私を、あなたの御名を呼び求める者としてください」

33

2月2日 ―― 21・1～6

「主よ　あなたの御力を王は喜びます」

ダビデのような偉大な王も、自分の力で立っていたのではありません。真に偉大な王は、ひたすら神の御力が現されることを喜び、神の御救いを経験することを楽しみます。私たちは自分が強くなることを求めます。神の御力に頼る者こそ、真に力のある者なのです。

あなたのとりなしの祈りを必要としている人のために祈りましょう。その人が主の御力を喜び、主の御救いを楽しむように。

祈り「主よ、○○さんにあなたの力と救いをお与えください」

34

2月3日 ―― 21・7～13

「いと高き方の恵みにあって揺るぎません」

7節にある主に信頼すること、主の恵み、揺るがないことの三つの密接なつながりを覚えましょう。私たちは揺るがないことを求めます。揺るがないのは、主の恵みが支えているからです。主に信頼している者を、主は恵みによって揺るがない者としてくださいます。恵みによって揺るがないことで、さらに主への信頼が深まります。あなたを揺るがそうとしているものが、何かありますか。

祈り「主の恵みによって、私を揺るがない者としてください」

35

2月4日 ―― 22・1〜5

「わが神 わが神 どうして私をお見捨てになったのですか」

主は必ず救ってくださる。これがイスラエルの確信です。しかしこの詩篇は、「先祖たちは救われたのに、私は救われない」という状況を語っています。十字架上でイエスさまも冒頭のことばを叫びました。「私は神に見捨てられた」と感じるとき、私よりも先にイエスさまがこの苦しみを味わっていたことを思い出しましょう。

あなたは「神に見捨てられた」と感じたことがありますか。

祈り「神に見捨てられた痛みを知る主よ、私が同じ痛みを味わうとき、あなたの愛と恵みによって私を支えてください」

36

2月5日 ―― 22・6〜11

「母の胎内にいたときから あなたは私の神です」

民のそしりと蔑みと嘲りの的となったダビデは、自分を虫けら同然だと思うに至りました。彼がどん底で突き当たったことは、自分は母から生まれたこと（母が自分を産んだことを呪ったのかもしれません）、そして、母の胎内にいたときから、主が「私の神」であったことでした。「私の神」以外に彼を助ける者はいなかったのです。

主が「私の神」であるということは、あなたにとって慰めですか。

祈り「主よ、あなたは私の神、私はあなたのものです」

37

2月6日——22・12〜21

「心は ろうのように 私のうちで溶けました」

ダビデが受けた敵からの蔑みは、獅子が肉をむさぶるほどのものであったか、あるいはその激しさゆえにトラウマとなって、彼の心が壊れるほどだったのかもしれません。この箇所の記述はイエスさまの十字架上での経験と重なり合います。ダビデの苦しみ（そして私たちの苦しみ）は、十字架のイエスさまにつながっているのです。

この箇所で、あなたの現在の状況に一番近いものはどれですか。

祈り「主よ、私の力よ、私から離れず、早く助けに来てください」

38

2月7日——22・22〜31

「主を求める人々が主を賛美しますように」

自分を虫けら同然とまで思わせる敵の責めの中で、ダビデはイスラエルの会衆とともに主を賛美しました。そのとき、主が彼の声を聞いてくださる方であることを確信しました。敵の責めがなくなることによってではありません。幸いなるかな、会衆とともに賛美する者、一人でも多くの人が主を賛美する群れに加わることを願う者。

会衆とともに主を賛美する幸いを味わった経験を、一つ挙げましょう。

祈り「大いなる会衆の中での私の賛美は　あなたからのものです」

39

2月8日——23篇

「主は私の羊飼い。私は乏しいことがありません」

これまでに多くの嘆きの詩篇を味わってきました。23篇はこの嘆きを味わい尽くしたうえで、「**主**は私の羊飼い」という恵みを高らかに歌っています。「死の陰の谷」がないからではなく、敵がいないからでもなく、その中でも羊飼いなる主が私たちとともにいてくださること、それこそが汲み尽くすことのできない主の恵みなのです。

23篇の一節一節をじっくり味わいましょう。特に心に留まったことは何ですか。

祈り「私が『死の陰の谷』を歩むときも、主は私の羊飼いです」

40

2月9日――24・1～2

「地とそこに満ちているもの……それは主のもの」

冒頭のことばは、神が造った世界を私たちがどう見るべきかを教えています。私たちは世界とそこに満ちているものすべてを「**主**のもの」として見るのです。私たちは小さい者であり、小さなことにうろたえる者です。しかし私たちは小さい者でも、主の大きな御手のわざである世界、「**主**のもの」である世界に生かされているのです。

あなたの周囲を「これはすべて主のものだ」という思いで見まわしましょう。どんな気づきがありましたか。

祈り「地とそこに満ちているもの、そして私も、主のものです」

41

2月10日――24・3～6

「だれが　聖なる御前に立てるのか」

聖なる御前に立つことができる者、主が都の聖所に入るときにお迎えできる者は、だれでしょうか。「手がきよく　心の澄んだ人」です。すなわち、心の内側も外側もきよい者（きよくされた者）です。主の御顔を慕い求めることが私たちをきよくするのです（Ⅰヨハネ3・2～3）。そのために私たちは、心をむなしいものに向けないように注意が必要です。

あなたの心は「むなしいもの」に向かっていないでしょうか。

祈り「主よ、御前に立つにふさわしくない私をきよめてください」

42

2月11日 ―― 24・7～10

「**戦いの勇者なる主**」（協会共同訳）
主の御顔を慕い求める者（6節）は、「栄光の王」をお迎えする者です。私たちの主は「戦いに力ある主」（「戦いの勇者なる主」）です。主が戦いの勇者なら、戦いに負けるはずがありません。私たちはこの「万軍の**主**」なる方を慕い求め、待ち望み、お迎えするのです。
私たちの日曜の礼拝を、このように主をお迎えする場にするためには、どうしたらいいでしょうか。何ができるでしょうか。
祈り「主を、戦いの勇者なる主を慕い求めます。来てください」

43

2月12日 ―― 25・1～5

「**あなたの真理に私を導き**」

私たちは敵が恥を見ることを祈ってはいけないのでしょうか。自分が恥を見ないように、敵が恥を見るように祈っていいのです。ダビデのように。それほど祈りは神の前で正直になることなのです。ただ、それが祈りのすべてではありません。そのように祈るだけでは、心が満たされることはないのです。主の真理に導かれること、主を一日中待ち望むことが、祈りの中心でなければなりません。

最近あなたが祈るとき、あなたの思いの中心はどこにありますか。

祈り「主よ、私をあなたの真理に導き、教えてください」

44

2月13日 ――― 25・6〜11

「主の道はみな恵みとまことです」

あわれみ、恵み、いつくしみ、まこと。この箇所は主の恵みを表すことばに満ちています。ダビデが試練の中で頼ることができたのは、主の恵みだけでした。主の恵みは、罪や背きをあげつらってさばくのではなく、それを優しく覆い、主の真理を教え、主の道へと導きます。私たちの罪と背きに対して、主の恵みは勝ち誇るのです。

あなたの心のどの部分が、主の恵みを必要としているでしょうか。

祈り「主よ、あなたの恵みによって、私の心を導いてください」

45

2月14日 ――― 25・12〜22

「主はご自分を恐れる者と親しく交わり」

イエスさまは私たちを友としてくださいましたとに対して、私たちにできることは何でしょう。(ヨハネ15・15)。主が親しく交わってくださるこ感謝と恐れです。主を恐れるとは、世界の中心が自分ではなく主であることを知ることです。聖なる主の御前で口をつぐみ、静まり、主の声に耳を傾けることです。主の恵みに感謝しましょう。

主が私たちの友となってくださった恵みを、思い巡らしましょう。

祈り「友なる主との親しい交わりのうちに、私を生かしてください」

46

2月15日 ――― 26篇

「主よ……私の心の深みまで精錬してください」

私たちは自分の罪のせいで苦しみを受けることがあります。しかしこの詩篇のように、主の前に誠実に歩み潔白であっても、苦しみを受けることがあります。もちろん罪を犯さない人はいません。私たちはキリストの恵みによって赦された者です。

その一方で、気づいていない落ち度がないか、あるいは自分を欺いていないか、心の深みまで主に探っていただくことも欠かせません。

あなたが主に「私の心の深みまで精錬してください」と祈る必要があることはないでしょうか。

祈り「主よ、御霊の力によって、私を心の深みまで精錬してください」

47

2月16日 ―― 27・1～6

「主の麗しさに目を注ぎ」

このことばに説明はいりません。一つ一つのことばを味わい、思い巡らすだけです。「一つのことを私は**主**に願った。それを私は求めている。私のいのちの日のかぎり　**主**の家に住むことを。**主**の麗しさに目を注ぎ　その宮で思いを巡らすために」。主のご臨在の前にいることをひたすら求めることが、ダビデに勝利を確信させたのです。「**主**の麗しさに目を注」ぐために、私たちにできることは何でしょうか（何かあるでしょうか）。
祈り「主よ、あなたの麗しさによって私を圧倒してください」

48

2月17日 ―― 27・7～14

「主よ　あなたの御顔を私は慕い求めます」


人は神の顔を見ることができません（出エジプト33・20）。それではなぜダビデは主の御顔を慕い求めたのでしょうか。御顔とは主の臨在と助け、主がどのような方か、どのような思いで私に相対しているか、そのすべてを表しています。主の御顔を見ることができないからこそ、御顔を慕い求める思いはますます強くなるのです。

あなたは主の御顔を見たいですか。それはなぜですか。

祈り「**主**よ　私はあなたの御顔を慕い求めます。どうか 御顔を私に隠さないでください」（9節）

49

2月18日――28篇

「主は私の願いの声を聞かれた」

ダビデは、深い絶望の中で言われのない不名誉を負って死ぬことを恐れています。そんな中で主はダビデの願いの声を聞いてくださいました。さらに、ダビデは個人の願いにとどまらず、民のための祈りに導かれていきました（9節）。

主はどんなことであなたに、「わたしにより頼め」と言っているでしょうか。

祈り「主よ、私を、自分の願いだけでなく、ほかの人のためにも祈れる者としてください」

50

2月19日――29・1～4

「栄光の神は雷鳴をとどろかせる」

この詩篇は、「雷鳴が鳴り響くときには、主の栄光と力を思い起こしましょう」と言っているのでしょうか。それ以上です。主は雷鳴の中で語っているということです。もちろん、すべての雷鳴が主の声だと言っているのではありません。雷鳴よりもはるかに力強い声で語る主を思い、その声を聞くことを求め、主に栄光を帰しましょう。

あなたは「自然の中に主の声を聞く」ために、何ができるでしょうか。

祈り「主よ、私を、自然の中に鳴り響くあなたの声を聞く者としてください」

51

2月20日――29・5～11

「主はご自分の民を平安をもって祝福される」

この箇所は主の声を証しする「たとえ話」のようです。「被造物に対するわたしの力を見よ。同じ力があなたにも働く」と語っているのです。イエスさまがガリラヤ湖で嵐を鎮めたときに同じ力が働きました。御座に着く主はその力をご自分の民に（そして私たちに）与えます（11節）。力ある主がともにいることが私たちの平安なのです。

あなたの周りで「ここに主の力が現されている」というものを一つ挙げましょう。

祈り「御座に着く主がともにいてくださる――主よ、これが私の平安です」

52

2月21日――30・1～3

「あなたは私を癒やしてくださいました」

ダビデが癒やされたのが病気だったのか、怪我だったのか、精神的な苦しみだったのかはわかりません。死を覚悟するほどのものだったのかもしれません。ダビデの神、主に叫び求めると、主が彼を癒やし、彼のたましいをよみから引き上げてくださいました。癒やしは主のものです。「わたしは主、あなたを癒やす者だからである」（出エジプト15・26）。私たちがすることは主に叫び求めることです。

あなたが主の癒やしを必要としているのは、何ですか。

祈り「主よ、私はあなたをあがめます。癒やしは主のものです」

53

2月22日――30・4～6

「夕暮れには涙が宿っても　朝明けには……」

私たちのいのちは神の恩寵のうちにあります。夕暮れと朝明けの間には何があるのでしょうか。夜と眠りです。私たちが活動をやめる夜のうちに、しかも眠っている間に、神が恵みの御手によって、すべてのことをなしてくださいます。「私は決して揺るがされない」と平安をもって言うことができるのは、神の恵みによる確信です。

「夕暮れには涙が宿っても　朝明けには喜びの叫びがある」という経験がありますか。

祈り「主の恵みによって私は言います。『私は決して揺るがされない』と」

54

2月23日 ―― 30・7～12

「嘆きを踊りに変えてくださいました」

癒やしも助けも救いも、すべて主がしてくださることです。私たちは主が「御顔」を隠すと、おじ惑うしかありません（7節）。主のあわれみを乞い願う者です。主のあわれみは尽きません。主の助けは力強く、「嘆きを踊りに変えてくださ」り、「私の粗布を解き」、「喜びをまとわせ」ます。私たちは「自分にふさわしいのは粗布だ」と思い込んでいないでしょうか。

踊りのように、あなたが全身で主の救いを喜ぶ方法は何でしょうか。

祈り「主の助けと救いは、嘆きを踊りに変えてくださるものです」

55

2月24日 ―― 31・1～4

「あなたこそ私の巌 私の砦」

ダビデは主に身を避け、助けを求めています。敵に包囲されていたのかもしれません（21節）。ダビデが頼りにしたのは、主がどのような方であるかでした。主はダビデの（私たちの）巌、砦です。ダビデが救われるにふさわしいかどうかではなく、主の御名のゆえに、主は必ず彼を救い、導いてくださる。これが彼の確信でした。

「あなたこそ私の巌」。あなたにとって主はどのような方ですか。

祈り「主は私の巌、私の砦です。御名のゆえに私を導いてください」

56

2月25日 ―― 31・5～8

「あなたは私の悩みをご覧になり」

主の恵みは、ダビデをどこに導いたでしょうか。まず主にゆだね、主に信頼する者としました（5～6節）。そして主の恵みを楽しみ喜ぶ者としました（7節）。主の恵みを楽しみ喜ぶ――これほど幸いなことがあるでしょうか。主は私の悩みをご覧になっています。主は「おまえをここに立たせよう」と広いところに導きます（8節）。まさに主の恵みです。

主の恵みを楽しみ喜ぶために、あなたに必要なことは何でしょうか。

祈り「主よ、私はあなたの恵みを楽しみ喜びたいです。そうさせてください」

57

2月26日 —— 31・9〜13

「私をあわれんでください。主よ」

苦悶、悲しみ、そしり……。ダビデは苦しみ抜いていました。彼にできることは、「私をあわれんでください」と主に叫ぶことだけでした。これが主との交わりを深める秘訣です。主が私たちの苦しみをご存じなのは（7節）、私たちが苦しみをダビデのように主に叫ぶからなのです。苦しみが人を主に結び付け、人と人を結び付けます。

あなたの苦しみは何ですか。それを主にお知らせしましょう。

祈り「私をあわれんでください。主よ。私は苦しんでいるのです」

58

2月27日 —— 31・14〜18

「私の時は御手の中にあります」

ダビデは、直面するすべての出来事が起こる「時」が、主の「御手」の中にあることに目が開かれます。「あなたこそ私の神です」。全能で愛の御父が私の神なら、私に起こるすべてのことは、主の御手のうちに起こることだ。主は私を苦しめるすべてのものから救い出してくださる。ダビデは苦しみの中で、このことに目が開かれました。「私の時は御手の中にあります」。この恵みを思い巡らしましょう。どんな出来事や経験が心の中に浮かんできましたか。

祈り「私の人生で起こることは、すべて主の御手の中のわざです」

59

2月28日――31・19〜20

「あなたはそれを蓄え」

私たちは主の助けを祈っても状況が改善しないとき、「主よ、いつまでですか」とつぶやきます。その時には思い出しましょう。主は大きないつくしみを私たちのために蓄えているのです。主はご自身が備えた恵みを与える時が来るのを、待っておられるのです。それまでの間に私たちにできることは、主を正しく恐れ、主に身を避けることです。

「主はこれを備えていてくださった」と思った経験はありますか。

祈り「主はあふれるばかりの恵みを私のために蓄えておられます」

59′

2月29日――31・20

「御顔の前にひそかにかくまい」

もしだれかがあなたをそしるとしたら、そのとき主がかくまってくださることを思い出しましょう。これはただ主の前にいるということではありません。「あなたはそしりを受けるような者ではない。あなたに向けられたそしりはすべてわたしが受けた。あなたはわたしの愛する子。わたしの喜びだ」と語ってくださるのです。

主が御前にかくまってくださるとは、どういうイメージですか。

祈り「主よ、私を御前にかくまい、『わたしの愛する子』と語ってくださる愛を感謝します」

60

3月1日 ―― 31・21～22

「嘆き祈る私の声をあなたは聞かれた」（聖書協会共同訳）

私たちは主の目の前から絶たれたと思うことがあります。ダビデのように敵に包囲されることもあります。しかし、そのときに忘れてはならないことは、主に叫び続けることです。「主よ、私を見捨てたのですか」という叫びでも、叫ぶこと、叫び続けることです。主は嘆き祈る者の声を聞いておられるのですから。

あなたは今、何に「うろたえて」いますか。それはなぜですか。

祈り「ほむべきかな、私の嘆き祈る声を聞かれる主」

61

3月2日 ―― 31・23～24

「主を愛せよ。すべて主にある敬虔な者たち」

ダビデはイスラエルに（そして私たちに）対して呼びかけます。「**主**を愛せよ」と。どんな困難に直面しても、主の愛とあわれみは尽きることがありません。主は私たちに愛を注ぐことによって、愛のない私たちを、主を愛する者にしてくださいました。主に愛され、主を愛する者として、私たちは雄々しく、心強くされるのです。

「主よ、愛します」と告白しましょう。どんな思いがしますか。

祈り「主に愛されている者として、私は主を愛します」

62

3月3日 ―― 32・1～5

「幸いなことよ……罪をおおわれた人は」

罪を犯さないことは幸いなことです。それ以上に幸いなことは罪が赦されることです。主は私たちの罪をそのままにしません。私たちは神の怒りとさばきを恐れて罪を隠そうとします。「主が赦すはずがない」と。しかし主は、予想に反して、罪を赦してくださいます。主が罪を取り扱う方法は、それを隠さずに告白させて赦すことです。

あなたが主に告白しなければならない罪はありますか。

祈り「幸いなことよ。主が咎をお認めにならず、その霊に欺きがない人は」(2節参照)

63

3月4日 ―― 32・6～11

「あなたに目を留め 助言を与えよう」

罪を告白し赦された者を、主は教え、諭し、目を留め、助言を与えます(8節)。つまり育み、導いてくださいます。主が罪を赦してくださったということは、主に赦された者としての歩みが始まったということです。「あとは自己責任で」ということではなく、その歩みで主は助言を与え、一歩一歩導いてくださるのです。

あなたは主の「助言」がほしいことが何かありますか。

祈り「主よ、私を教え、諭し、目を留め、助言を与えてください」

64

3月5日 ―― 33・1～5

「賛美は 直ぐな人たちにふさわしい」

33篇は主を賛美することの幸いを歌っています。(1)私たちは主を賛美するために造られました。私たちは主を賛美するときに、神さまの創造の目的を実現しているのです。(2)賛美によって、主なる神を知ります(主は正義と公正を愛する方。5節)。(3)賛美によって、主の恵みを知ります(地は主の恵みで満ちている。5節)。

今、この場で(できる範囲で)主を賛美する歌を歌いましょう。(その後)どんな感じがしましたか。

祈り「主の恵みで地は満ちています。主の御名はほむべきかな」

65

3月6日 ―― 33・6～9

「**主が仰せられると そのようになり**」

ことばだけで行いの伴わない人は信頼されません。神はことばによって天地を造りました。ことばによって天の万象も、全地も、そこに住むすべてのものも造りました。主のことばはそのとおりになります。天地創造のわざを見るとき、私たちは主の全能の力と栄光を知り、主を恐れおののく者とされます。これが賛美の原動力です。

あなたは礼拝の時に主を恐れていますか。それはなぜでしょうか。

祈り「ことばによって天地を創造した主を恐れ、あがめます」

66

3月7日 ―― 33・10～12

「**神がご自分のゆずりとして選ばれた民**」

神はイスラエルをご自分の民とし（出エジプト19・3～6）、今ではキリストを信じる者をご自分の民としてくださいました（Iペテロ2・9）。神の民として生きることこそ幸いな生き方です。世界中に住む神の民が御国の民として生きることで、みこころが行われるのです。

あなたがクリスチャンであることが、あなたの学校、職場、地域・社会にどのように関わってくるでしょうか。

祈り「主よ、小さい私を、主のものとしてこの地で歩ませてください」

67

3月8日 ―― 33・13～19

「**見よ 主の目は主を恐れる者に注がれる**」

私たちは戦いの時にはどれだけの武力を持っているかに頼ります。戦い以外でも、学校の成績、スポーツ、芸術、仕事、人間関係などについて、私たちは才能や努力、お金や業績を重んじます。しかし、主が目を注ぐのは「主を恐れる者」、「主の恵みを待ち望む者」です。

あなたが頼りにしているものの中で、主が「わたしが目を留めるのは別のものだ」と語っていることはないでしょうか。

祈り「主よ、私を、主の恵みを待ち望む者としてください」

68

3月9日 ―― 33・20～22

「私たちのたましいは主を待ち望む」


便利な時代に生きる私たちは、待つことができなくなっています。しかしこの詩篇は、待つことが単なる時間の無駄ではなく、神を経験する道であることを教えてています。待つことは待ち望むことなのです。主を待ち望むとき、主の助け、喜び、恵みを経験し、御霊の実を結びます。

あなたが主の御前で待ち望む必要があることは、何でしょうか。

祈り「主よ、私は待つのが嫌いです。しかし主を待ち望むことによって、私が主の恵みを経験し、御霊の実を結ぶ者としてください」

69

3月10日 ―― 34・1～3

「貧しい者はそれを聞いて喜ぶ」


私たちは問題に直面していると、気持ちが賛美に向かわないときがあります。だからこそ「あらゆるときに **主**をほめたたえる」こと、つまり意識して私たちの心を主に向けることが大切なのです。さらに、私たちの賛美が「貧しい者」（「苦しむ人」協会共同訳）の喜びとなります。私の賛美が、私たちの賛美になるのです。賛美の祝福です。

このように賛美の輪が広がった経験を一つ思い出しましょう。

祈り「ほむべきかな、イスラエルの賛美を住まいとする主」

70

3月11日 ―― 34・4～7

「**この苦しむ者が呼ぶと 主は聞かれ**」

ダビデが救いを経験したことが、イスラエルへの励ましとなりました。主の救いを経験するために私たちにできることは何でしょう。主を求めること、主を仰ぎ見ること、主に呼ぶことです。御使いが私たちの周りに陣を張っていることを忘れないようにしましょう。

御使いが私たちの周りに陣を張ると聞いて、どう思いましたか。

祈り「私が苦しむとき、叫びを聞いてくださる主よ、私が主の救いを経験することが、苦しんでいるほかの人の励ましとなりますように」

71

3月12日 ―― 34・8～10

「**味わい 見つめよ**」

この箇所は、「神さまがいつくしみ深い方であることを味わいたいのだったら、慈しみ深い神さまを味わってみなさい。そうすれば分かります」と言っています。私たちは神さまを味わうための方法やハウツーを求めます。しかし聖書は、方法ではなく、神さまを味わいたいなら、ひたすら味わいなさい（求めなさい）、と語るのです。

それでは、私たちは主を味わうために、何ができるでしょうか。

祈り「主よ、私はあなたがいつくしみ深い方であることを味わいたいのです」

72

3月13日 ―― 34・11～14

「**来なさい。……主を恐れることを教えよう**」

ありがたいことです。ダビデが「**主**を恐れること」を教えてくれるというのですから。悪口や欺きを言わない、善を行う、平和を求める。これが主を恐れることを学ぶ道なのです。良い行いの勧めなのでしょうか。いいえ。詩篇が語る生き方は、外面的な行いではなく、内面から生まれるもの、主を恐れることから生まれるものなのです。これが主の恵みの力、御霊が実を結ぶ最も堅実な道なのです。

これらの良い行いの中で、あなたは何から始められるでしょうか。

祈り「主よ、私に、真に主を恐れる生き方を教えてください」

73

3月14日 ―― 34・15～18

「主は心の打ち砕かれた者の近くにおられ」

それでは良い行いで合格しないと、主の守りはないのでしょうか。そうではありません。私たちは主を恐れる者として、御霊の助けを祈りながら、良い行いを求め続けなければなりません。その一方で、主は「心の打ち砕かれた者」の近くにいてくださるのです。主は敵の責めによって苦しみ、自分の弱さによって心砕かれた者の友です。

あなたが「主に近くにいてほしい」と思うのは、どういう時ですか。

祈り「主よ、私の心が打ち砕かれた時に、近くにいてください」

74

3月15日 ―― 34・19～22

「正しい人には苦しみが多い」

この詩篇が描く信仰者の姿は、〈正しい者は苦しむ、正しい者は憎まれる、しかし、主はそのすべてから救い出してくださる〉、というものです。それゆえに、苦しい時は思い出しましょう。「正しい人には苦しみが多い」と。そして十字架の上で私たちのすべての罪を負ってくださった主に、「身を避ける」ことをひたすら求めましょう。

あなたを苦しめる人、憎む人がいますか。

祈り「主よ、あなたは私が苦しむとき、その苦しみを負ってくださる方です」

75

3月16日 ―― 35・1～10

「主よ　私と争う者と争い」

第一に、私たちは「主よ、私と争う者と争ってください」と祈っていいのです。私が責められるということは、私に非があるからだなどと思わなくていいのです。それは主が判断することです。第二に、主が私のたましいに語っている声を聞くことこそが、最も大切なことです。主は「わたしがあなたの救いだ」（3節）と語っているのです。主はあなたのたましいに何と語っていると思いますか。

祈り「主よ、私にも、『わたしがあなたの救いだ』と語ってください」

76

3月17日 ―― 35・11～18

「わが主よ　いつまで眺めておられるのですか」

主に対して「いつまで眺めておられるのですか」と言うことは、「主はやるべきことをやっていません」と言っているのと同じです。主が愛と正義の神なら、なぜ私に悪意を向ける者をそのまま放置するのですかと神に食い下がっています。これがダビデの祈りです。祈りはきれいごとではありません。神との格闘です（創世32・24、25）。祈りがきれいごとにならないために、どうしたらいいでしょうか。

祈り「主よ、私はきれいごとを祈る者です。あなたと格闘するほどの祈りへと、私を導いてください」

77

3月18日 ―― 35・19～28

「私の舌は告げ知らせます。あなたの義を」

ダビデは偽りの訴えで彼を苦しめる者が恥を見るように祈ります。しかし、神の正しいさばきを求めるダビデは、そこで終わりませんでした。神の義に頼るダビデは、その義を告げ知らせる者となりました。愛と義なる神をほめたたえる者となったのです（28節）。

ダビデがこのように祈ることは、敵を愛しなさいというイエスさまのことばと矛盾するのではないでしょうか。

祈り「主よ、私を主の義と誉れを告げ知らせる者としてください」

78

3月19日 ―― 36篇

「いのちの泉はあなたとともにあり」

悪意ある者のことばは、私たちの心の奥に突き刺さります（1節）。しかし、私たちの心はそのような悪意あることばで満たされるべき場所ではありません。この詩篇が語るように、私たちの心は天や雲、高くそびえる山を見上げて、主の恵みと真実と義に満たされなければなりません。いのちの泉である主から豊かに飲むのです。

あなたが定期的に天、雲、山を見上げて主の恵みを思う方法を考えてみましょう（最低一つ以上）。

祈り「主よ、あなたの恵みと真実と義で私を満たしてください」

79

3月20日 ―― 37・1～4

「地に住み 誠実を養え」

私たちの心が怒りとねたみに支配されないように注意しましょう。私たちが心を向けるべきことは、主を信頼すること、善を行うこと、地に住むこと、誠実を養うことです。主と人の前に日々誠実に歩むことです。それが怒りとねたみに打ち勝つ道、主を自らの喜びとする道、主が「あなたの心の願いをかなえてくださる」道なのです。

信頼、善、地、誠実。あなたに特に必要なのはどれですか。

祈り「私を主に信頼し、善を行い、地に住む、誠実な者としてください」

80

3月21日 ―― 37・5〜13

「主に信頼せよ。主が成し遂げてくださる」

このみことばは、私たちに心の姿勢と在り方を教えています。主にゆだねる。主に信頼する。静まって、耐え忍んで主を待つ。主が成し遂げてくださるから。それでは私たちは何もしないでいいのでしょうか。そうではありません。主に信頼する心は、地に住み、誠実を養う生き方（3節）、怒りや悪を捨てる歩み（8〜9節）を伴います。「主が成し遂げてくださる」と聞いて、どう思いましたか。

祈り「主よ、御前に静まり、耐え忍んで主を待つことを私に教えてください」

81

3月22日 ―― 37・14〜22

「一人の正しい人が持つわずかなものは」

私たちは多くのお金、人脈、知識、学歴、家や土地、新製品等々があれば、成功し幸せになると考えます。これは悪しき者の価値観です（16節）。多くのものを持つことよりも、主が与えてくださった「わずかなもの」を感謝し、大切にすることに心を向けましょう。

あなたが今、手に入れたいもの、もっと欲しいものは何ですか。主があなたに与えてくださった「わずかなもの」とは何でしょうか。

祈り「主よ、あなたが与えてくださったものを尊ぶことを私に教えてください」

82

3月23日 ―― 37・23〜33

「主はその人の道を喜ばれる」

23節のことばをじっくり思い巡らしましょう。試練に遭うと、私たちは自分の価値を見失います。そのときこそ、主が私たちの道を喜んでおられることを思い出しましょう。私たちは主の喜びの対象なのです。私たちは転ぶことがあるかもしれません。でもまた立ち上がります。主が腕を取って支えてくださるからです（24節）。

マルコ1・9～11を読み、今日の詩篇とのつながりを考えましょう。

祈り「父よ、御子のように私のことも愛し喜んでくださり、感謝します」

83

3月24日 ―― 37・34～40

「主を待ち望め。主の道を守れ」


私たちが心を向けるものは、私たちを責めることばや、ほかの人の成功や豊かさではありません。主です。主を待ち望むとは積極的な態度です。主が祈りに答え、約束を成就してくださることを、ただ待つのではなく、待ち、望むからです。私たちが主に身を避け、主を待ち望むとき、私たちが歩む道は「主の道」となるのです。

私たちが歩む道が「主の道」となる――あなたの周りに「主の道」がないか、探してみましょう。

祈り「私が主を待ち望みつつ歩む道を、『主の道』としてください」

84

3月25日 ―― 38・1～12

「主よ……私を責めないでください」


主の激しい怒りで責められたら、私たちは神から逃げるのではないでしょうか。自分の罪のせいであっても、自己弁護に走るのではないでしょうか。祈りもやめてしまうのではないでしょうか。ところがダビデは、激しい怒りで私を責めないでくださいと主に祈りました。自分の罪ゆえに苦しむことが彼を祈りへと駆り立てたのです。

あなたが祈りたくないと思う時はありますか。それはなぜですか。

祈り「主は私の罪を通しても、私を祈りに導いてくださいます」

85

3月26日 ―― 38・13〜22

「主よ 私を見捨てないでください」

「わが神、わが神、どうしてわたしをお見捨てになったのですか」（マルコ15・34）と十字架上で祈った主イエスさまは、神に見捨てられる痛みをよくご存じです。その主が、自分の罪を言い表す者を見捨てることは決してありません（18節）。ダビデは、自分を憎む者のそしりを受ける中で、「主よ 私の救いよ」（22節）と主にすがりました。「これは主に言い表さなければならない」と思う罪がありますか。

祈り「主よ、決して見捨てないあなたの愛で私を守ってください」

86

3月27日 ―― 39・1〜6

「私はひたすら黙っていた」

沈黙することは聖書が教える知恵です。相手が言ったことに感情的に反応して、私たちは多くのことばの失敗や罪を犯してしまうからです。しかし人に対して黙っていることは、主に対しても黙っていることではありません。主には率直に、心にあるすべてを話していいのです。主に話さないでいると、心にうめきが燃え上がります。あなたの心の中で、燃え上がっている「うめき」はありませんか。

祈り「主よ、私の心のうちで燃え上がるうめきを聞いてください」

87

3月28日 ―― 39・7〜13

「私の望み それはあなたです」

ダビデは主の目に背きの罪があり、主の責めを受けていることを知っていました。それでも彼の望みは主以外にないのです（7節）。さらにダビデは地上では旅人であり寄留の者です。しかし、彼は孤独な旅人ではありません。主を求めて旅を続けるのでもありません。ダビデは「あなた〔すなわち、主〕とともにいる旅人」(12節)でした。主は私たちの人生の旅路に同伴してくださるのです。

あなたの人生は主を求める旅ですか。主がともにいる旅ですか。

祈り「主よ、あなたは私の望み、私の旅路をともに歩んでくださる方です」

88

3月29日 ―― 40・1~10

「偽りに傾く者たちの方を向かない人」

これこそが主にあって幸いな者となるための秘訣です。私たちの心は放っておくとすぐに悪いことや心配なことに向かいます。そうしたことに断固として「ノー」と言うことが、私たちを自由にします。主を信頼し、主を賛美することに私たちの心を向けましょう。

私たちの心を主に向けるためにできる工夫を、一つ考えましょう。

祈り「主よ、私の口と心に、主への賛美を授けてください」

89

3月30日 ―― 40・11~17

「辱められますように」「喜びますように」

復讐のことばと祝福のことばが同居しています(14、16節)。いいのでしょうか。これがダビデの信仰、詩篇の信仰です。私たちは敵を愛さなければならないと考えます。しかしダビデは、呪いを含めて心にあることをそのまま、人にではなく主に叫びます。心にあるすべてが、主の御手の中で、祝福する心へと変えられるのです。

あなたの心にあるのは復讐ですか。呪いですか。祝福ですか。

祈り「主よ、復讐を求める私の心を、祝福する心に変えてください」

90

3月31日 ―― 41・1～3

「幸いなことよ　弱っている者に心を配る人は」

ここまで詩篇は、苦しみや責めを経験し、自分の弱さを痛感するとき、「主よ、助けてください」と祈ることを教えてきました。この詩篇は、直接主に助けを祈ること以外の別の道を語ります。それは「弱っている者に心を配る」ことです。主の助けを必要としている人に心を配っているときに、私たちは主の助けと癒やしを経験するのです。

あなたの心配りを必要としている人は、だれでしょうか。

祈り「主よ、私を、弱さを分かち合い心を配る者としてください」

91

4月1日 —— 41・4〜13

「あなたが私を喜んでおられることを」

まさにダビデは八方ふさがりでした。彼自身の罪の責め、敵による悪意の責め、信頼した親しい友の裏切り、そして病。主なる神が御手を差し伸べ、彼を立ち上がらせてくださらないなら、主が彼を喜んでおられることを確信する術はありませんでした（11節）。主は、ご自分に拠りすがる者を必ず立ち上がらせてくださいます。

これで第1巻は終わりです。どの詩篇が一番心に残りましたか。

祈り「ほむべきかな　イスラエルの神　**主**。とこしえから　とこしえまで」

92

4月2日 —— 42・1〜5

「私のたましいはあなたを慕いあえぎます」

水を飲まなければ、私たちの肉体は死んでしまいます。神がともにいなければ、私たちのたましいは死んでしまいます。「おまえの神はどこにいるのか」と言う声が強くなればなるほど、神を慕い求める渇きは強くなります。この時、「私」の支えとなったのは、かつて群衆とともに神の家に行った思い出でした。一度でも神の御前に出た経験は、過去のものではなく現在のものです。永遠に支えとなるのです。

「私はあの時、確かに神の御前に出た」という経験がありますか。

祈り「わがたましいよ　なぜ　おまえはうなだれているのか。……神を待ち望め」

93

4月3日 —— 42・6〜11

「私はなおも神をほめたたえる」

信仰に敵対する者はいつも、「おまえの神はどこにいるのか」と言って攻めてきました。神に対する疑いを抱かせることは、サタンの常套手段です。アダムもダビデも経験した信仰の戦いに、私たちも立たされているのです。分かれ道です。「そうだ。神はいない」という道か。「それでも、私は神を待ち望む。神をほめたたえる」という道か。あなたも分かれ道に立たされていませんか。どちらを選びますか。

祈り「主よ、私を、主を待ち望み、新しく力を得る者としてください」

94

4月4日 —— **43篇**

「どうか あなたの光とまことを送り」

欺きの訴えを受け、思い乱れ、神を待ち望む中で、この詩篇は神の「光とまこと」を祈り求めます。神の臨在が隠されている状況の中で、神の御前へと導いてくれる「光とまこと」です。私たちには、「まことの光」である方、「恵みとまこと」に満ちているイエスさまがいます（ヨハネ1・9、14）。主イエスさまのもとに行きましょう。

あなたにとって「主のもとに行く」とは、どうすることですか。

祈り「イエスさま、あなたの光とまことで私を導いてください」

95

4月5日 —— **44・1〜8**

「あなたが彼らの時代 昔になさったみわざを」

聖書を読むときも、人生の問題に直面するときも、文脈や状況理解が大切です。最初に、「神は先祖たちに力強いみわざをなさった」と過去のことが語られます（1〜3節）。続いて、「神は私たちにも同じように力あるみわざを行ってくださる」と現在の確信を語ります（4〜8節）。これが試練に立ち向かうときの私たちの心構えです。

聖書に書かれていることで、今、あなたが神にしてほしいことは何ですか。

祈り「主よ、あなたは今でも、聖書が証しするとおりの全能の神です」

96 4月6日 —— 44・9~26

「しかし 私たちはあなたを忘れず」

困難の中で、「それでも私たちは主を忘れない」という態度を忘れていないでしょうか。その一方で、そう思うときにも、実は主が私たちを忘れていなかったのです。主は私たちの信仰がなくならないように祈っていてくださる方です（ルカ22・32）。さらに主は、私たちが「目を覚ましてください」と祈ることも許してくださるのです。

主に「いつまでも拒まないでください」（23節）と思う時がありますか。

祈り「主よ、立ち上がって、私をお助けくださ い」（26節）

97 4月7日 —— 45篇

「あなたの民と あなたの父の家を忘れよ」

この王の婚礼の詩篇は、ダビデの子孫から出るキリストを証しするものとして読まれてきました。ヘブル1章8~9節はこの詩篇の6~7節を引用して、御子によってダビデの王座が世々限りなく続くと語っています。王なるキリストと結ばれる教会は、古い自分を捨て（10節）、キリストとの新しい関係に生きる者とされました。

あなたが忘れなければならない過去とは、どのようなものですか。

祈り「主よ、私を、キリストの花嫁として生きる幸いのうちを歩む者としてください」

98 4月8日 —— 46篇

「やめよ。知れ。わたしこそ神」

「神は われらの避け所 また力。苦しむとき そこにある強き助け」（1節）。「万軍の**主**はわれらとともにおられる」（7節、11節）。苦しみに遭うとき、それは神がおられないのではなく、神がともにいてくださるしるしなのです。主は不平を言う私たちに対して、「やめよ。知れ。わたしこそ神」(10節)とおっしゃるのです。

主があなたにも、「やめよ。知れ」と言っていないでしょうか。

祈り「主は私の避け所、力。苦しむときそこにある強い助けです」

99

4月9日——47篇

「まことに神は全地の王」

この詩篇は私たちの心を神の偉大さへと向けます。主は私の神であるだけでなく、イスラエルの神であるだけでなく、全地を治める大いなる王です(2節)。国々の民は御前に来て、いと高き方である主をあがめます。私たちは問題や苦しみや試練の中にあっても、主が全地の王であることを忘れないようにしましょう。

主は日本やアメリカ、中国、ロシアも治めているのでしょうか。

祈り「主は全地の王、国々を統べ治めるいと高き方です」

100

4月10日——48篇

「あなたの右の手は義に満ちています」

主は神の都を堅く建てられ、私たちにお示しになりました。私たちはそのあまりの偉大さや自身の罪のために主から目を背けたくなりますが、その必要はありません。主は恵みにあふれており、義なる方です。主に心を留め、主の恵みを味わいましょう。また、主の誉れ、御名は地の果てにまで及び、神の都は永遠に存在します。一人でも多くの人が主の恵みを味わうことができれば、なんと幸いなことでしょうか。

世界中の人や後世の人が主の恵みを味わうために、あなたにできることは何でしょうか。

祈り「主よ、私たちはあなたの宮の中で、あなたの恵みに思いを潜めます」(9節参照)

101 4月11日 ―― 49・1～12

「なぜ 私は……恐れなければならないのか」

物事がうまくいかない日々が続くと、私たちは恐れを覚えます。特に周りに成功している人がいると、「どうして自分だけがこんな目に遭うのか」と落ち込みます。その時、私たちの心を向けるべきことは何でしょうか。〈自分は神の前でどうあるか〉ということです。死はすべての人に等しく及び、その時、〈自分は神の前でどうあったか〉が問われることになります。

もし明日、地上の生涯が終わるとしたら、今日どうしますか。

祈り「私のたましいの贖いの代価を払ってくださった主よ、感謝します」

102 4月12日 ―― 49・13～20

「人は栄華のうちにあっても」

「恐れるな。人が富を得ても」（16節）。私たちは、ほかの人が成功したり、豊かになったり、評判が良くなると、妬んだり、がっかりしたり、自分をみじめに感じてしまいます。成功も財産も、死の前では（そして神の前では）何の力もありません。キリストの贖いを自分のものとすることこそ、永遠の価値があるのです。

あなたが妬みやすいのは、どういう人のことですか。

祈り「主よ、私をキリストの満ち満ちた豊かさで、圧倒してください」

103 4月13日 ―― 50・1～6

「神こそが審判者であると」

神こそが正しいさばきを行う審判者です。神と契約を結んだイスラエルは、その契約を守ることにこそ彼らの幸い、神の宝の民としての祝福があるのです（出エジプト19・5～6）。このことを見失ってはいけません。私たちもキリストの新しい契約によって、神の宝とされました。神はご自分の宝のためにさばきを行ってくださいます。

あなたが神に正しいさばきをしてほしいことは、どんなことですか。

祈り「さばきは主のものです。主の民を主の義でお守りください」

104

4月14日 ―― 50・7～15

「聞け わが民よ」「わたしは神 あなたの神である」

神さまとイスラエル（そして私たち）の関係は、「わが民」「あなたの神」という親密で人格的なものです。動物を献げるだけのものではありません。「わが民」「私の神」という関係で大切なことは、⑴神に感謝すること、⑵誓いを果たすこと、⑶苦難の日にも主に呼び求めること、⑷主の助けを経験して、主をあがめることです（14～15節）。

あなたと主の関係で欠けているのは、この四つの中でどれですか。

祈り「私の神よ、私を、あなたの民として生かしてください」

105

4月15日 ―― 50・16～23

「わたしのことばをうしろに投げ捨てた」

私たちがみことばをよく知っていてそれを語っても、みことばが私たちの心を通って生き方とならないなら、みことばを憎み、投げ捨てていることになるのです。私たちは故意にみことばを憎んだり、投げ捨てることはないでしょう。しかし、自分を欺かず、みことばによって心と生活が正されないなら、みことばを投げ捨てているのです。

あなたが投げ捨てたいみことばはありますか。それはなぜですか。

祈り「主よ、私を、みことばを投げ捨てる罪からお守りください」

106

4月16日 ——— 51・1~2

「あなたの豊かなあわれみによって」

今までに何度この詩篇を読んだことでしょう。罪を犯した時、自分の罪深さに打ちのめされた時……。神が罪をさばくなら、それは正しいさばきです。残された道は、主の恵みとあわれみにすがることしかありません。主がどのような方かが、私たちの最後の拠り所なのです。この神を知り、すがることこそが、私たちの信仰生活の土台です。「あなたの恵みにしたがって……」。あなたはこの後にどんな祈りのことばを続けますか。

祈り「主よ、あなたの恵みにしたがって、私をあわれんでください」

107

4月17日 ——— 51・3~9

「あなたは心のうちの真実を喜ばれます」

ダビデは自分の罪をはっきりと認めています（4節）。そこから引き出した結論は何でしょうか。「だから赦されるはずがない。神から逃げよう」だったでしょうか。いいえ。ここでも主がどのような方かを拠り所にしました。主は心のうちの真実を喜ばれる方だ。〈だから私の心を罪からきよめてくださる〉という結論に至りました。

あなたが主にきよめていただきたい心の重荷や罪は何ですか。

祈り「心のうちの真実を喜ぶ主よ、真実な心を私に与えてください」

108

4月18日 ——— 51・10~13

「神よ 私にきよい心を造り」

ダビデは積極的に神に願い求めます。彼にきよい心を造ること、揺るがない霊を彼のうちに新たにすること、聖霊なる神の臨在が彼にとどまることと、救いの喜びと仕える喜びが回復されることを。これはすべて神のみわざです。ダビデ（そして私たち）ができることではありません。祈り求めることが神のみわざにあずかる第一歩です。

あなたが神に祈り求めている（求めたい）みわざは、何ですか。

祈り「神よ、聖霊により、私の心をきよく、新しくしてください」

109

4月19日——51・14〜19

「神へのいけにえは 砕かれた霊」


この詩篇、特に17節のことばから、どれほど多くのクリスチャンが慰められてきたでしょうか。「私には神にささげられる立派なものは何もない」と落胆する必要はありません。自分の弱さ、失敗、罪のために心が砕かれるとき、神がその砕かれた心を蔑むことはありません。その時こそ、神は私たちに最も近くいてくださるのです。

今までの生涯で、51篇が一番心に響いた時期は、いつでしたか。

祈り「主よ、打たれ、砕かれた私の心を御手に収めてください」

110

4月20日——52篇

「しかし私は 神の家に生い茂るオリーブの木」


「神の恵みに拠り頼む」者は、神の家にあるオリーブの木のように生い茂ります（8節）。ところで、神の恵みに拠り頼んで生きるとは、どのような生き方でしょうか。イスラエルは（そして私たちは）、神との契約により神の民とされました。決して変わることのない神の真実の愛によって生きるとは、どのような生き方でしょうか。

あなたにとって、神の恵みに拠り頼んで生きるとは、どのような生き方ですか。

祈り「主よ、あなたの恵みに拠り頼んで生きることを、私に教えてください」

111 4月21日 —— 53篇

「愚か者は心の中で『神はいない』と言う」

クリスチャンであれば、「神はいない」と思うことはないでしょう。しかし、心の中に「神の支配を認めたくない」「神さまの思いは私の思いと違っているのはわかってるけど……」という思いがあるとしたら、神が今、ここに、全能の主としておられることを認めないとしたら、「神はいない」と言っている愚か者と何が違うのでしょうか。

神さまが天から見下ろしてあなたを見たら、何と言うでしょうか。

祈り「主よ、あなたの恵みを、臨在を、支配を私が見失わないで日々歩めますように」

112 4月22日 —— 54篇

「私の目が敵を平然と眺めるように」

サムエル記の中では決してサウルを悪く言わなかったダビデの本心が、ここに書かれています。サウルたちは神を前にしていない（3節）。彼らを滅ぼしてください（5節）。ダビデはこれらのことをサウルにも、自分の仲間にさえ言わず、主にだけ訴えました。ダビデは主の救いを経験し、平然と敵を眺めることができました（7節）。

あなたが人にではなく主にだけ言うべきことは何でしょうか。それを主に話しましょう。

祈り「主よ、私に、主にだけ言うことを見極める知恵を与えてください」

113 4月23日 —— 55・1〜11

「ああ 私に鳩のように翼があったなら」

私たちは苦しみや困難に直面すると、そこから逃げ出したいと思います。それは正直な思いでしょう。ダビデはそのような思いを通って、いや、主はそのようなダビデの思いを取り扱って、この詩篇の後半にある主の救いを確信するように導きました（16節）。逃げ出したいほどの困難にあるときは、この詩篇を思い出しましょう。
あなたは「翼があったなら」と思う時がありますか。
祈り「主よ、翼を求める私に、主の救いを確信させてください」

114

4月24日――55・12～23

「あなたの重荷を主にゆだねよ」

信頼が裏切られた心の痛みは計り知れません。心の大切な部分が壊れるほどです。その傷が癒やされるのは、新たな信頼、主が絶対的に信頼できる方であるという確信によります。主に重荷をゆだねるとは、単なる重荷の受け渡しではなく、主が私の手から実際に重荷を受け取って私を支えてくださること、信頼に満ちた交わりなのです。
主はあなたのどんな重荷を受け取ろうとしておられるでしょうか。

祈り「主よ、私の重荷をゆだねます。私を支えてください」

115

4月25日――56篇

「どうか私の涙を　あなたの皮袋に蓄えてください」

ダビデは恐れを覚える日に、何を拠り所にしたでしょうか。⑴主に信頼すること、⑵人は私に何もすることができないこと（4節）、⑶神は私の涙をご存じで、神の「皮袋」に蓄えておられること（8節）、⑷神がダビデの味方であること（9節）。⑸神がダビデのいのちを守り、必ず救い出してくださること（13節）。これが私たちの拠り所です。
この五つの中で、あなたに今、一番必要な助けはどれですか。

祈り「主が私の味方です。人が私に何をできるでしょう」

116 4月26日――57篇

「私のたましいよ 目を覚ませ」

私たちが日々直面する試練や苦しみは、現実問題です。この詩篇は、神の救いと助けも現実問題であることを繰り返し語っています。主の御翼の陰に身を避けること（1節）、主がすべてを成し遂げてくださること（2節）、主が天から助けを送ってくださること（3節）。私たちは目を覚まして、力強い主の助けに心を向けましょう。

この詩篇で、最もあなたの励ましになったことばは何ですか。

祈り「私のたましいよ、目を覚ませ。主の恵みとまことを覚えよ」

117 4月27日――58篇

「正しい人は 復讐を見て喜び」

正しい人が復讐を見て喜んでいいのでしょうか。そんな人はもはや正しくなく、悪を行っているのではないでしょうか。間違えないようにしましょう。この詩篇は復讐を推奨しているのではありません。神が悪と不正に対して必ず正しいさばきを行うこと、そして正しい者に必ず報いてくださることを証ししているのです（11節）。

あなたは神の正しいさばきの代わりに、復讐を求めていませんか。

祈り「主よ、私を復讐よりも、主の正しいさばきを喜ぶ者としてください」

118 4月28日――59・1～9

「私の力よ 私はあなたを見続けます」

ダビデはサウルにいのちを狙われました。ダビデにはいのちを狙われる罪も背きもありませんでした（3節）。それはサウルの恐れと妬みのゆえでした（Ⅰサムエル18・6～9）。ダビデはひたすら万軍の主である神を見続けることで、この危機を生き延びました。
あなたにとって、主を見続けるとは、どうすることでしょうか。
祈り「主よ、私に、あなたを見続けることを教えてください」

119 4月29日――59・10〜17

「私の苦しみの日に あなたが私の砦」

ダビデは敵の横暴を繰り返し神に訴え、正しいさばきを願いました。この詩篇の結論は、「復讐は完了した」ということでしょうか。いいえ。最終的にダビデの心は、復讐が完了することではなく、神に向かいました。恵みの神が彼を（そして私たちを）迎えに来てくださること（10節）、砦なる主にほめ歌を歌うことです（16節）。
「私の苦しみの日に あなたが私の砦」。このみことばを思いめぐらしましょう。どんな思いに導かれましたか。

祈り「恵みの神は、私の苦しみの日に、私の砦、私の逃れ場です」

120 4月30日――60篇

「あなたは……旗を授けられました。弓から逃れた者をそこに集めるために」

ダビデと民は、神の助けがないので敗北と苦しみの中にいました。愛と正義の神が、なぜ私たちにこのような苦しみを経験させるのかと思う時があります。「神が助けてくださらない」と私たちが思う時にも、神は「旗」を掲げてくださるのです。「わたしの救いの旗印だ。ここに希望がある。見失うな」と主は語ってくださいます。
私たちの周りに、主の「旗」が立っていないでしょうか。

祈り「主よ、私が主の勝利と救いの『旗』を見失わないように支えてください」

121

5月1日 ―― 61篇

「**私の心が衰え果てるとき**」

ダビデはエルサレムから遠く離れ、神の臨在を見失っていたのでしょう（2節）。私たちも神の臨在を見失い、「心が衰え果てる」時があります。そんな時（そして今）、この詩篇を思い出し、神を呼び求めましょう。高い岩の上、避け所、やぐら、幕屋、御翼の陰。神の守りを示すこれら五つのイメージを黙想し、神の臨在を回復しましょう。

この五つの中で、一番あなたの心に響いたのはどれですか。それはなぜでしょうか。

祈り「主よ、私は避け所、やぐらなるあなたの御翼の陰に身を避けます」

122

5月2日 ―― 62・1～8

「**私のたましいは黙って ただ神を待ち望む**」

神との関係で、「黙って ただ神を待ち望む」ことが欠かせません（1節）。私たちの心は数々の問題、失敗、不安、恐れでいっぱいになることがあります。それを主に差し出して、主の計らいにゆだねることです。「あなたがたの心を 神の御前に注ぎだせ」（8節）。心の重荷を一つ一つ主にお話ししましょう。これこそが希望の始まりです。

あなたに必要なのは、黙ることですか、主に心を注ぎ出すことですか。

祈り「祈りを聞かれる主よ、私の心を御前に注ぎ出します」

123

5月3日 ―― 62・9～12

「**主よ 恵みもあなたのものです**」

私たちは自分に力があるとそれに頼り、力がないと力のある人を恐れたりうらやんだりします。しかし、私たちが心を留めるべきことは、力も恵みも神のものであるということです。神の力も恵みも尽きることがなく、あふれるばかりです。私たちは目に見える人の力ばかり気になります。神が私たちの心を開き、神の力と恵みを見させてくださるように祈りましょう。

あなたはだれの力や成功が気になりますか。それはなぜでしょうか。

祈り「主よ、私の目を、ただ主の恵みと力に留めさせてください」

124

5月4日 ―― 63篇

「**水のない 衰え果てた渇いた地で**」「**聖所で**」

私たちは自分の周りの環境に大きな影響を受けます。ダビデは「水のない 衰え果てた渇いた地で」神をあえぎ求めています。その一方で、神の「聖所」には、神の「力と栄光」が満ちています(2節)。私たちのたましいにとって、定期的に聖所、すなわち神を賛美する場に身を置くことは、神の恵みと力と栄光に満ち足りるために、不可欠なことです。

あなたはいつ神を賛美していますか。挙げてみましょう(複数可)。

祈り「主よ、あなたは私たちの賛美を住まいとされる方です」

125

5月5日 ―― 64篇

「**神よ 私が嘆くとき 私の声を聞いてください**」

脅かし、剣のように研ぎ澄ました舌、苦いことばの矢。ダビデはことばによって脅かされています。暴力や刃物を使わなくても、ことばは心を深く傷つけます。ダビデはそれをすべて主の前で「嘆き」ました。私たちはダビデのように嘆いていいのです。嘆きは、主の御手の中で、主の救いの確信と喜びに変えられます(7～10節)。

あなたは今、どのような心の痛みがありますか。主の前にそれを「嘆き」ましょう。

祈り「嘆きを喜びに変えてくださる父よ、私の嘆く声を聞いてください」

126

5月6日 ―― 65・1～8

「幸いなことよ　あなたが選び　近寄せられた人」

主の御前に出るとはどのようなことでしょうか。そのことについて対照的なことが書かれています。一方では、聖い神の御前で、私たちは自分の咎に圧倒されます（3節）。他方では、神の御前に出るとは、神に選ばれ、神に近寄せられたしるしです。背きの罪を赦され、愛と恵みに満ちた神の前に召され、その大庭に住む者は、なんと幸いでしょうか。

主の御前に出るとはどういうことか、思い描いてみましょう。

祈り「主よ、御前の静けさとは、どのようなものなのでしょうか」

127

5月7日 ―― 65・9～13

「あなたの通られた跡には　油が滴っています」

主の御前には静けさがあります（1節）。その結果は何でしょうか。海のとどろきが鎮められ、国民の騒ぎも鎮められます（7節）。主が地を訪れると、地は豊かに祝福されます（9～10節）。神の恵みと祝福は、地に満ちあふれています。主がおられるところ、主が通られた跡には、油が滴るように、恵みが満ちあふれるのです（10節）。

あなたの周りに満ちあふれる恵みを、一つ見つけてみましょう。

祈り「満ちあふれる主の恵みに、私の目を開き、圧倒してください」

128

5月8日 ―― 66・1～12

「銀を精錬するように」

私たちは試練、苦しみ、重荷を経験することがあります。その時には思い出しましょう。主が「私たちを試し　銀を精錬するように 私たちを錬」っておられることを（10節）。イスラエルが荒野の四十年を通って約束の地に入ったように、主は試練を通して私たちを聖めて、「豊かな所へ導き出」そうとしておられるのです（12節）。

主はどのようにあなたを「銀を精錬するように」錬っておられるでしょうか。

祈り「私たちを錬られる主よ、私を豊かな所へ導き出してください」

129

5月9日 ―― 66・13〜20

「もしも不義を 私が心のうちに見出すなら」

神が祈りを確かに聞き入れ、救ってくださったた理由を、詩篇記者は自分の心に不義がなかったからだと語ります（18節）。もちろん、私たちは心に不義がないように求めなければなりません。しかし、不義のない方はイエスさまであり、イエスさまの名前で祈るとき、神は私たちの祈りを必ず聞いてくださいます（ヨハネ14・13）。

「聞かれなかった祈り」はありますか。それをどう受け止めたらいいのでしょうか。

祈り「私たちをとりなしてくださるイエスさまの名前で祈ります」

130

5月10日 ―― 67篇

「神が私たちを祝福してくださり」

この詩篇は、主が御顔をイスラエルの上に照り輝かせ、彼らを祝福してくださることを祈ります。イスラエルが神の祝福を経験し、神をほめたたえることが、諸国の民がみな主をほめたたえることにつながります。神の民が（そして私たちが）神の祝福を味わい知ることで、主の栄光と祝福が地の果てにまで及ぶことになるのです。

神の祝福を得るための「秘訣」があるとしたら、何でしょうか。

祈り「主よ、諸国の民がみな、あなたをほめたたえますように」

131

5月11日 ―― 68・1〜4

「**その御名は主。その御前で喜び踊れ**」

神はご自分を憎む者たちは御前から追い払いますが、正しい者たちは神の御前で喜び踊ります。神と私たちの関係は、表面的で形式的なものではありません。神の御前で喜び楽しみ、歌い、御名をほめたたえるものです。全身全霊をもって喜び踊るものです。

私たちは神の御前で喜び踊っているでしょうか。それを妨げているものは何でしょうか。どうしたら喜び踊る者になるでしょうか。

祈り「主よ、私もダビデのように、御前で喜び踊りたいです」

132

5月12日 ―― 68・5〜6

「**みなしごの父 やもめのためのさばき人は**」

私たちの神は最も弱い者、身寄りのない者、無視された者、友のいない者、虐げられた者、自由を失った者とともにいてくださる愛の父です。みなしごもやももめも孤独な者も捕らわれ人も、みな無力で孤独な人たちです。無力感と孤独に襲われるとき、私たちを愛してやまない天の父の愛を思い出しましょう。

優越感からではなく、父なる神があなたを通して愛を示し、働こうとしている人（人々）はだれでしょうか。

祈り「みなしごの父、孤独な者の友よ、私の近くにいてください」

133

5月13日 ―― 68・7〜10

「**苦しむ者のために備えをされました**」

なんと慰めに満ちたことばでしょう。「神よ あなたはいつくしみをもって 苦しむ者のために備えをされました」(10節)。主はイスラエルの歩みにいつも寄り添っていました。イスラエルが四十年もの間荒野を旅したときに、主は彼らに先立って旅路を導きました。民が荒野の苦しみを経験している間に、主は約束の地を備えていたのです。

あなたが「これは主が備えてくださったことだ」と思った経験を一つ挙げてみましょう。

祈り「主よ、あなたは苦しむ者のために備えをしてくださる方です」

134

5月14日 ―― 68・11～14

「**主はみことばを与えてくださる**」


イスラエルが葦の海を渡ったとき、ミリアムをはじめとする女性たちが主の勝利を歌いました(出エジプト15・20)。主の勝利を告げることば、主の栄光をほめたたえる歌声は、なんと麗しいことでしょう。私たちの心を生かすのは、主の勝利を伝える良き知らせです。

主は今、あなたにどのようなことばを語っているでしょうか。

祈り「主よ、私を生かす良き知らせのことばをお語りください」

135

5月15日 ―― 68・15～18

「**なぜ おまえたちはねたみ見るのか**」


神はご自分の住まいとしてシオンの山を選びました。神のこのみわざを前に、私たちの心と態度は二つに分かれます。私たちはこの神のみわざと臨在をほめたたえる者でしょうか。それとも、主がバシャンではなくシオンを選んだことをねたみ、苦い思いに満たされるでしょうか。

あなたの心に苦い思いがありますか。それを主に祈りましょう。

祈り「主のみわざをねたみ見る私の心を、賛美する心に造り変えてください」

136

5月16日 ―― 68・19～23

「日々 私たちの重荷を担われる方」

主が私たちとともにおられるとは、どういうことでしょうか。日々、私たちの重荷を担ってくださるということです（19節）。愛の神、全能の主が私たちとともにおられるなら、その愛と全能の力が必ず現されます。たとえ私たちが気づいていないとしても、日々、主は私たちの重荷を担っておられるのです。

あなたの重荷は何ですか。主はその重荷をどのように担っておられるでしょうか。

祈り「ほむべきかな **主**。日々 私たちの重荷を担われる方。この神こそ 私たちの救い」

137

5月17日 ―― 68・24～27

「神よ 人々はあなたの行列を見ました」

人々は、「神の行列」が歌い手、楽人、タンバリンを鳴らすおとめたちを伴って聖所に行進するのを見ました（24、25節）。これは戦いに勝利した後、帰還する契約の箱のことでしょうか。神をほめたたえる歌声と歓声の中、「神の行列」は聖所に入りました。

私たちにとって「神の行列」に当たるものは、何でしょうか。

祈り「主よ、あなたをお迎えする歓喜の列に私を加えてください」

138

5月18日 ―― 68・28～31

「神よ あなたが私たちに示された力を」

神はエルサレムの宮を住まいとし、ご自分の力を現しました。国々の王たちは献上品を携えて、エルサレムの主のもとに上って来ます。すなわち、神はご自分の民とともにおられ、ご自分の力を示します。神の民に示されたご臨在と力によって、それ以外の人々が神のもとに集うのです。これがエルサレムであり、教会の姿です。

どうしたら教会が神の都エルサレムのようになるでしょうか。

祈り「主よ、まず私たちにあなたの力を示し、証しを導いてください」

139

5月19日 ―― 68・32〜35

「力と勢いを御民にお与えになる方です」

イスラエルに（そして私たちに）力と勢いを与える方は主です（35節）。自分の無力さ、罪、失敗、弱さを見せつけられるとき、私たちに力と勢いを与える方は主であることを、思い出しましょう。その一方で、私たちが成功したり、祝福を経験したときは、力と勢いが主のものであることを思い、高慢にならず、主をほめたたえましょう。

私たちの周りに、主の力と勢いが現されているところがないか、探してみましょう。

祈り「主こそ私たちに力と勢いをお与えになる方です。ハレルヤ」

140

5月20日 ―― 69・1〜4

「私の神を待ちわびて」

私たちは理由もなく人から憎まれることがあります。自分が奪ってもいない物を、どうして返さなければならないのでしょうか（4節）。それは水に溺れたり、泥沼に沈むような苦しみです（1〜2節）。イエスさまもいわれのない訴えを受けました。同じ苦しみを先に経験していたイエスさまに、私たちの苦しみをお話ししましょう。

「私の神を待ちわびて」という経験をしたことがありますか。

祈り「主を待ちわびる私の渇きを癒やすのは、

主よ、あなただけです」

141 5月21日 ―― 69・5～12

「あなたの家を思う熱心が　私を食い尽くし」

ダビデは自分のことを棚に上げてはいませんでした。自分の愚かさと罪を認め、そのために民が恥を見ないように祈りました（5～6節）。彼の心は神の麗しさに捕らえられていたのです。「あなたの家を思う熱心が　私を食い尽くし」（9節）。この熱心のゆえに嘲られ苦しみましたが、神を慕い求める思いはますます強くなりました。

あなたはだれかに嘲られていますか。だれかを嘲っていませんか。

祈り「主よ、人の嘲りを忘れるほど、あなたの麗しさで私を満たしてください」

142 5月22日 ―― 69・13～18

「あなたの豊かな恵みにより」

ダビデは苦しめば苦しむほど、神の御顔を求める思いがますます強くなりました。苦しみの中で彼が拠りすがったのは、主の恵みでした（13、16節）。私たちをご自分の民としてくださった神は、その契約を決して破ることがありません。私たちの最後の砦、そして最高の拠り所は、決して変わることのない主の恵みと真実です。

あなたの生活で主の恵みを必要としているのは、どんな時ですか。

祈り「主よ、決して変わることのないあなたの恵みで、私を支えてください」

143 5月23日 ―― 69・19～21

「私が同情を求めても　それはなく」

「友はどんなときにも愛するもの。兄弟は苦難を分け合うために生まれる」（箴言17・17）。問題や苦しみの最中にいるとき、寄り添ってくれる友がいると心が生き返ります。しかし、そのような人がいないと、私たちはさらに孤独の中に沈んでしまいます。十字架を忍ばれた主は、そのような私たちの痛みをよくご存じです（19節）。

あなたの共感や理解を必要としている人は、だれでしょうか。

祈り「私に寄り添ってくださる主よ、私を人に寄り添う者としてください」

144

5月24日 ――― 69・22～28

「彼らがいのちの書から消し去られますように」

こんなことを祈っていいのでしょうか。確かなことは、これも詩篇の祈りであるということです。もう一つ確かなことは、十字架上でイエスさまは「父よ、彼らをお赦しください。彼らは、自分が何をしているのかが分かっていないのです」（ルカ23・34）と祈ったことです。私たちの祈りを聞いて、とりなしているかのように。

主はあなたのことをどのようにとりなしているでしょうか。

祈り「主よ、私も何をしているか分からない者です」

145

5月25日 ――― 69・29～36

「あなたがたの心を生かせ」

苦しみと痛みを通った者は神の救いを経験します（29節）。救いを経験した者こそが、真に神をほめたたえる者とされるのです（30節）。しかも主は、雄牛のささげ物にまさって、彼らの賛美を喜んでくださいます（31節）。心の貧しい者が頼れるのは神だけです。神はご自分に拠り頼む者の心を必ず生かしてくださいます（32節）。

「苦しみと痛みを通った者が真に神をほめたたえる者とされる」と聞いて、どう思いましたか。

祈り「苦しみにあったことは 私にとって幸せでした。それにより 私はあなたのおきてを学びました」(119・71)

146

5月26日 —— 70篇

「あなたを慕い求める人たちがみな」

苦しみと貧しさの中にいるとき、ほかの人のことを考える余裕などないかもしれません。しかし、この詩篇は苦しみの中でも(苦しみの中だからこそ)、ほかの人の幸いを祈っています(4節)。この祈りが、さらに主の助けを願い求める思いとなったのです(5節)。

自分の苦しみの中でもほかの人の幸いを祈ると聞いて、あなたはどう思いましたか。これはきれいごとでしょうか。

祈り「主よ、私を、ほかの人の幸いを祈る者としてください」

147

5月27日 —— 71・1〜15

「私は生まれたときから あなたに抱かれています」

避け所、岩、巌、砦、望み、拠り所。この箇所は主の守りと救いを、力強いイメージを使って私たちに証ししています。主は私たちが生まれたときから抱き、育み、助け、支え、守っておられる方です。私たちを痛めつけようとする者がいても(13節)、主の守りは決して揺らぎません。いよいよ切に主を賛美しましょう(14節)。

今日の箇所で、どの節があなたの心に最も響きましたか。

祈り「御子をふところに抱かれた父よ、私のこともふところに抱いてください」

148

5月28日 —— 71・16〜24

「年老いて 白髪頭になったとしても」

若いころから受けた主の恵みは、決して無駄になることはありません。年老いて、白髪頭になったとしても、主に対する確固たる信頼となります。しかも、主の恵みを世に、そして「後に来るすべての者」に告げ知らせる力を与えます（18節）。主の恵みを受けたら、それを自分一人のうちにとどめておくことはできないのです。

若いころから受けた主の恵みを一つ一つ思い出してみましょう。

祈り「主よ、あなたの恵みの一つ一つは、私を生き返らせます」

149

5月29日 ―― 72・1～7

「**王が 民の苦しむ者たちを弁護し**」

これはソロモンのために書かれた王の詩篇です。王が義によって民に平和をもたらすこと、苦しむ者を弁護し、貧しい者を救い、虐げる者どもを打ち砕くことを祈っています（3～4節）。イスラエルの王は義と公正をもって民に平和をもたらすために、神が立てた者です。民は王が義と公正をもって治めるように祈ります。

この詩篇を読むとき、私たちは誰を思い浮かべたらいいのでしょうか。

祈り「主よ、あなたの義と公正によって、地に平和がありますように」

150

5月30日 ―― 72・8～15

「**王は彼らのいのちを贖います**」「**王のためにいつも彼らが祈り**」

これが王と民の麗しい関係です。王は貧しい者や苦しむ者の声に耳を傾け、あわれみ、救い出します（12～14節）。民は王のためにいつも祈り、王をほめたたえます（15節）。イスラエルの王と民の関係は、キリストと教会の関係を連想させます。

王なるキリストは今、どのように貧しい者や苦しむ者をあわれみ、救っているでしょうか。

祈り「主よ、私を、主のあわれみと救いを取り次ぐ管としてください」

151

5月31日――72・16～20

「その栄光が全地に満ちあふれますように」

私たちは生活を豊かにしてくれるリーダーや指導者を求めます。有能な指導者がいる社会や国は幸いです。しかし、忘れてはならないのは、ほめたたえるべき方は主だけであることです。主の栄光が全地に満ちあふれることを、私たちはひたすら求めましょう。

外を見てみましょう。主の栄光が全地に満ちあふれているでしょうか。

祈り「主よ、あなたの栄光が全地に満ちあふれますように」

152
6月1日――73・1～12
「誇り高ぶる者をねたんだからだ」

私たちがどこを見ているかが大切です。この詩篇の作者は、悪しき者が栄えるのを見てねたんだときに、つまずきました（2～3節）。エバが善悪の知識の木を見て「目に慕わし」いと思ったように（創世3・6）、強風を見て怖くなったペテロのように（マタイ14・30）、私たちの目を神から引き離そうとするものがたくさんあるのです。

あなたは今、だれかの成功や幸せをねたんでいませんか。

祈り「主よ、私はあなたの恵みに囲まれているのに、なぜねたむのでしょうか」

153
6月2日――73・13～20
「ついに私は 神の聖所に入って」

悪しき者を見てねたんでいると、まじめに信仰生活を送ることが空しく感じられるようになります。信仰の仲間を裏切るようなことをしてしまうかもしれません。そのような状況から逃れる道は、「神の聖所」に入ることでした。神の臨在のあるところで、詩篇作者は目が開かれ、悪しき者たちの最期が滅びであることを悟りました。

あなたにとって「神の聖所」とは何（どこ）でしょうか。

祈り「主よ、あなたの聖所を離れて、私に希望はありません」

154
6月3日――73・21～28
「あなたは私の右の手を」

私たちの心が神を見失い、苦みと愚かさに満ちているときにも、神は私たちの右の手をしっかりとつかんで離しません（23節）。私たちが主から離れないのではありません。主が私たちから決して離れないのです。この主のご臨在を経験する者は、なんと幸いなことでしょうか。「あの時、主が私の右手をしっかりとつかんでいてくださったのだ」と思う経験がありますか。思い返してみましょう。

祈り「主よ、あなたのみそばにいることは、なんという幸いでしょう」

155

6月4日――74・1～11

「なぜ　あなたは御手を　右の御手を　引いておられるのですか」

私たちの教会が破壊され、そこにほかの神々が祭られたらどうでしょうか。神の住まいである聖所が汚されたらどうでしょうか。それがこの詩篇が書かれた状況です。神の住まいである聖所が汚されていいのでしょうか。この詩篇は神の御前で嘆き、訴え続けます。神は私の右手をしっかりとつかんで離さない方です（73・23）。その神が御手を懐に引いているように見える状況でした。

神が御手を懐に引っ込めている、と思った経験はありますか。

祈り「私の手をしっかりつかむ主よ、御手を懐から出してください」

156

6月5日――74・12～23

「神は　昔から私の王」

神が御手を引いているように思える状況で、詩篇記者は主が「昔から」どのような方で、何をなさったかを一つ一つ思い出します。神のみわざは、決して無効になることはありません。私たちは試練に遭うと、「神は昔は力強く働いたが、今は違う」と思ってしまいます。「昔力強く働いた主は、今も力強い方だ」ということを心に刻みましょう。あなたが経験し、支えとなっている神の力強いみわざは何ですか。

祈り「主よ、あなたは昔から私の王、救いのみわざを行う方です。アーメン」

157 6月6日 —— 75篇

「わたしが 定めの時を決め」

主こそさばき主であり、公正なさばきの時を決めています（2節）。私たちはさばきの時が来るまで待ちきれなく思います。それまでの間、どうしたらいいのでしょうか。同じ主を信じる者たちの群れで、礼拝にあずかることです。試練の中でも、主が近くにおられ、主が奇しいみわざをなす方であることを確かめ合う場、それが礼拝です（9節）。

私たちが礼拝にあずかる意味は何か、思いつくだけ挙げましょう。

祈り「主の公正なさばきの時まで、私はあなたにほめ歌を歌います」

158 6月7日 —— 76篇

「天からあなたの宣告が聞こえると」

主なる神はシオンにお住みになり（2節）、さばきを行う偉大な方です。出エジプトのときも、約束の地カナンに入るときも、主の力が現されました。黙示録を見ると、終わりの時に主は悪の力を滅ぼします。

イスラエルの歴史を見ても、黙示録の預言を見ても、さばきを行う神の大いなる力が語られています。それでは今、私たちはどこに主の大いなる力とさばきを見ることができるのでしょうか。

祈り「主よ、聖書が証しするあなたの偉大な力に、私の目を開いてください」

159 6月8日 —— 77・1〜10

「主の恵みは とこしえに尽き果てたのか」

主の恵みが尽き果てたなどと言うことは（8節）、主を侮辱することではないでしょうか。私たちは苦しみの中にいると、主を侮辱するようなことばを吐いてしまいます。しかし、主の恵みは決して尽き果てることはありません。主はご自分の恵みを傷つけるような叫びのことばを聞いた上で、この詩篇記者の心を導いたのですから。
「主の恵みは とこしえに尽き果てたのか」というみことばに対して、主はどうお答えになるでしょうか。想像して書いてみましょう。

祈り「主よ、あなたの恵みは決して尽きることがありません」

160

6月9日 ―― 77・11～20

「私は あなたのなさったすべてのことを思い巡らし」

主の恵みは尽き果てたのか、と主に訴えていた詩篇記者は、主がかつて行った奇しいみわざを思い起こし、そのすべてを思い巡らしました。特に出エジプトの時のみわざを思い巡らします。旧約聖書の中で、出エジプトの出来事、とりわけ葦の海を渡ったことは、主の偉大な力による救いが最も典型的に現されたものです。
出エジプトの出来事は、あなたにとっても励ましですか。

祈り「主よ、あなたの奇しいみわざを思い巡らすことは、私に希望を与えます」

161

6月10日 ―― 78・1～8

「昔からの謎を語ろう」

神のことばとみわざは語り継がれなければなりません。先祖から私たちに、そして子どもたち、後の世代に。古新聞のように、縛って処分されるものではありません。なぜでしょうか。かつて力ある奇しいみわざを行った神を信頼し、従うためです。神のみわざを忘れる者は、イスラエルのように、神に逆らう者になるのです。
あなたが後の世代に語り継がなければならないことは、何ですか。

祈り「主よ、私を、あなたのことばとみわざを語り継ぐ者としてください」

162

6月11日 —— 78・9〜31

「だが神は パンを与えることができるのか」

主の怒りはイスラエルに向かって燃え上がりました（21節）。なぜでしょうか。第一に、彼らが「神の数々のみわざを忘れてしまった」からです（11節）。出エジプトの時に、神の大いなる力によって救われたにもかかわらず。第二に、主がパンや肉を与えることができるのかと言って、神の救いを信じなかったからです（20、22節）。

私たちも主の力と救いを信じないのと同然のことを、心のうちで思っていないでしょうか。

祈り「主よ、私があなたの奇しいみわざを忘れませんように」

163

6月12日 —— 78・32〜55

「幾たび彼らは 荒野で神に逆らい」

イスラエルの民は繰り返し神に逆らい、そのたびにさばきを受けました。もし神が民をあわれむのをやめて、極みまで怒りを現していたら、イスラエルは滅び去っていたでしょう（38〜39節）。しかし主のあわれみは尽きず、民を約束の地まで導きました（54節）。

イスラエルが神に忠実であり続ける方法はなかったのでしょうか。

祈り「あわれみ深い主よ、私もイスラエルのような頑なな者です」

164

6月13日 —— 78・56〜72

「彼は 全き心で彼らを牧し」

二つのことに注目しましょう。第一に、神に逆らった民が敵の剣に倒れたとき、神の栄光も汚されました。「御力」（契約の箱）が敵の手に渡されたからです（61節）。第二に、そのような絶望的な状況の中でも、主の御手のわざは絶えることがありませんでした。主はダビデを選び、ご自分の民を牧させ、導いたのです（70～72節）。

ダビデの姿で、一番あなたの励ましになったのは何ですか。

祈り「主イエスさま、あなたこそ私の望み、良き羊飼いです」

165 6月14日 ―― 79篇

「私たちの救いの神よ　私たちを助けてください。御名の栄光のために」

イスラエルが敵の侵略を受けたとき、この詩篇の記者は、神の御名のために自分たちの救いを祈りました。この祈りは、自分たちが神の「牧場の羊」（13節）であるという確信に基づいています。

私たちは、逆境の中にあるとき、神に助けを求めるのは自分のために神を煩わせるようで申し訳ない、と思ってしまうことはないでしょうか。私たちは、主の民として、主の栄光が現されるために、困難の中にあって救いを祈り求めることができるのです。

主の牧場の羊として、あなたは主に何を祈り求めますか。

祈り「主よ、御名の栄光のために、私たちを助けてください」

166 6月15日 ―― 80・1～7

「御顔を照り輝かせてください」

「麗しさの極み　シオンから　神は光を放たれる」（50・2）。主がおられるところには、光があります。イエスさまこそ、すべての人を照らす「まことの光」です（ヨハネ1・9）。この詩篇は、闇などないから書かれたのではありません。イスラエルが光を失い、導きを見失っていたからこそ、牧者なる主の光を渇望しているのです。

あなたの生活で、主の御顔の光を必要としているのはどこですか。

祈り「万軍の神よ、私たちを元に戻し、御顔の光を照り輝かせてください」

167

6月16日 ―― 80・8～19

「あなたは　エジプトから　ぶどうの木を引き抜き」

異邦の民がイスラエルを苦しめる中で、この詩篇は神がかつて行ったみわざに訴えます。「主よ、あなたが私たちをエジプトから連れ出し、約束の地に導き、祝福してくださったのですよね。だとしたら、どうしてその祝福を異邦の民が奪い取るままにするのですか。主よ、かつてのように、私たちを救ってください」。苦しみにあうとき、主が行った力あるわざを思い出し、主に訴えていいのです。

今のあなたの問題は何ですか。主のどんなみわざが必要ですか。

祈り「私を救った主よ、その力を私から取り去らないでください」

168

6月17日 ―― 81篇

「あなたの口を大きく開けよ。わたしが それを満たそう」

10節は十戒の書き出しを思い出させます（出エジプト20・1）。主とイスラエルの関係は、「あなたの神」「わたしの民」という親密で人格的なものでした。私たちの主は、ご自分の民を祝福し、満ち足らせてくださる方です。私たちはただ主に聞き従い、主の道を歩むことを、ひたすら求めればいいのです（13節）。

主に聞き従い、主の道を歩むことは、あなたにとって簡単ですか。

祈り「主よ、私をただあなたによって満ち足らせてください」

169 6月18日――82篇

「神よ 立ち上がって 地をさばいてください」

1節の「神々」が何を指すとしても、この詩篇は主がさばきを下す方であることを証ししています。もちろん、私たちは弱い者や苦しむ者を配慮しなければなりません（3節）。その一方で、忘れてはいけないことは、主に正しいさばきを訴えることです（8節）。そうしないと、自分で自身をさばく立場に置いてしまいます。

あなたは自分で自身をさばく立場に置いていることがありませんか。

祈り「神よ、立ち上がって、正しいさばきを行ってください」

170 6月19日――83篇

「こうして彼らが知りますように」

二つのことを考えましょう。第一に、神の民に悪を企むことは、神に対して悪を企むことです（2〜4節）。第二に、神のさばきと復讐を願う祈りは、最終的には敵の滅びを求めるものではなく、彼らが主の栄光と力を知ることを目的にしています（18節）。復讐とさばきは主のものです（ローマ12・19）。

詩篇には復讐とさばきを求める祈りが多すぎると思いますか。

祈り「主よ、復讐は主のものです。主の正義を現してください」

171 6月20日――84・1〜7

「心の中に シオンへの大路のある人は」

なんと幸いなことでしょう。主の家、すなわち主のおられるところに住む人たちは（4節）。その幸いは、実際に主の家にいなくても、主の家のあるシオンを目指しているときから経験されます。主のご臨在の恵みは、主の家に向かう人の心を満たし、あふれ出て、「涙の谷」を過ぎるときも、そこを「泉の湧く所」とします。

あなたの周りで、主が「涙の谷」を「泉の湧く所」にしているところはないでしょうか。

祈り「なんと幸いなことでしょう。主の家に住む人たちは」

172 6月21日 ―― 84・8～12

「まことに　あなたの大庭にいる一日は　千日にまさります」

このことをじっくり考えましょう。神の近くにいるということは、何物にも比べられません。神の聖なる臨在に触れるということは、たとえ一瞬であったとしても、永遠で無限の価値があります。「**主**は恵みと栄光を与え」、良いものを決して拒まない方です（11節）。

「神の大庭にいる一日」を心に思い描いてみましょう。

祈り「主よ、あなたの大庭にいる一日は、永遠の栄光と恵みに満ちています」

173 6月22日 ―― 85・1～7

「私たちへの御怒りをやめてください」

主は「あわれみ深く、情け深い神」です（出エジプト34・6）。しかし、「主はこんな私を怒っているに違いない」と思ってしまうことがあります。絶望するしかないのでしょうか。この詩篇記者がすがりついたのは、主の恵みでした（7節）。自分には主の怒りとさばきしかないと思ったとき、その絶望が主の恵みへの道を開いたのです。

「主は私の○○に怒っている」と思うことはありますか。

祈り「**主**よ　私たちにお示しください。あなたの恵みを」（7節）

174

6月23日 ―― 85・8～13

「恵みとまことは　ともに会い　義と平和は口づけします」

恵みとまこと、義と平和は神のご性質です。神の怒りを恐れる心、自分の愚かさのゆえに神を見失う者の心は、主の恵みとまこと、義と平和を味わうことによってしか、慰めと救いを経験することはありません。そのすべてがキリストのうちに満ち満ちているのです。

あなたはキリストの恵みとまこと、義と平和を味わっていますか。

祈り「主の恵みとまこと、義と平和で、私を満たしてください」

175

6月24日 ―― 86篇

「私の心を一つにしてください。御名を恐れるように」

ダビデは苦しみの中で主を呼び求めます（7節）。彼を憎み（17節）、いのちを求める者がいる中で（14節）、ダビデは自分の心が主を恐れることの一点に集中するように祈ります。私たちの心は自然と否定的なものに向かい、その結果苦しみが増します。そのとき必要なのは、心をひたすら主に向け、主を恐れることです。

主を恐れることからあなたの心をそらしているものは、何ですか。

祈り「主よ、私の心を一つにしてください。御名を恐れるように」（11節参照）

176

6月25日 ―― 87篇

「主の礎は聖なる山にある」

主がご自分の住まいとされたシオンには、主の栄光が満ちています。もちろん神はどこにでもおられる方です。しかし、神はシオンを選んで特別なかたちでご臨在を現しました。神殿もそこに建てられました。今日でも、神はどこにでもおられる方です。しかし、神は教会を通して、特別なかたちでご自分を現しておられます。

教会が神のご臨在を現す特別な場であることを黙想しましょう。どんな気づきがありましたか。

祈り「神殿に臨在した主よ、私たちの教会にも臨在してください」

177 6月26日 ―― 88篇

「私は暗闇を親しい友としています」

これほど恐ろしい孤独のことばはあるでしょうか。暗闇が親しい友であるとは……。親しい友のようにこの詩篇記者に寄り添ったのは、暗闇でした。それでも記者は神を呪わず、神に叫び続けました。子どもが自分を叱る親から逃げず、逆にその親にしがみつくように。主が御顔を隠しても、彼は主に叫び続けました(14節)。

「暗闇を親しい友」とするとは、どのような心境でしょうか。そのような心境になったことがありますか。

祈り「私が御顔を見失い、暗闇にいても、主よ、私の右手を離さないでください」

178 6月27日 ―― 89・1～4

「私は 主の恵みを とこしえに歌います」

主の恵みと真実、これこそ私たちのすべてです。主の恵みと真実はとこしえに打ち立てられ、決して揺らぐことがありません。主がダビデと契約を結んだように、ダビデの王座は(そしてキリストの支配は)、世々限りなく打ち立てられました。主の恵みと真実をとこしえに歌うこと、それが主の恵みと真実に生きる生き方です。

私たちも賛美やワーシップをします。何か見直しが必要ですか。
祈り「主よ、私はあなたの恵みと真実を、とこしえに歌います」

179
6月28日――89・5～18

「**幸いなことよ 喜びの叫びを知る民は**」

アーメン。喜びの叫びを知る人は、なんと幸いなことでしょう。喜びとは、徹底的に受け身な感情です。私たちは自分ひとりで喜び叫ぶことはできません。何か（あるいはだれか）によって喜ぶのです。喜びの叫びの基は何でしょうか。主の「御顔の光」です（15節）。私たちは主のご臨在を経験するとき、主の喜びに満たされます。
「喜びの叫びを知る民」となるためにどうしたらいいでしょうか。
祈り「主よ、あなたの御顔の光と歓喜の中を、私に歩ませてください」

180
6月29日――89・19～37

「**唇から出たことを わたしは変えない**」

神とダビデの関係は特別なものです。ダビデは神を「わが父、わが神、わが救いの岩」と呼び、神は彼を「わたしの長子」と呼びました（26～27節）。もしダビデの子孫が罪を犯したら、神はその背きを罰しますが、恵みを取り去ることはありません。神のことばは、決して変わることがないからです（31～34節）。
主の恵みの契約は決して変わらないことを、思い巡らしましょう。どんな気づきがありましたか。
祈り「主よ、永遠に変わらないあなたのことばこそ、私の拠り所です」

181
6月30日――89・38～48

「**しかし あなたは拒んでお捨てになりました**」

ここで詩篇記者は神を告発します。神がダビデの王座はとこしえに続くと誓ったのに、その恵みの契約を廃棄したと（39節）。王の王冠が地に捨てられ、町の城壁が破壊されたことが、その証拠であると（40節）。詩篇が証しする信仰とは、神のことばに基づいて、神をも告発する激しさを持ったものです。

あなたは神を訴えたくなることがありますか。それはなぜですか。

祈り「主よ、あなたが身を隠されるときにも私を支えてください」

182

7月1日 ―― 89・49～52

「主よ あなたのかつての恵みは」

二つの確信を学びましょう。第一に、神の誓いに対する確信。神が身を隠している中でも、詩篇記者は神の恵みと真実にすがりつきました。第二に、神の民はそしられてはならないという確信。神の民とは、「自分のせいで苦しむ者」でも「だから恥辱を受けても仕方ない者」でもありません。神の恵みと真実を身に受けて生かされる者なのです。

二つの確信についてあなたはどんなことを学ぶ必要がありますか。

祈り「主よ、あなたの恵みと真実によって私を生かしてください」

183

7月2日 ―― 90・1～2

「主よ……あなたは私たちの住まいです」

主が世々にわたって私たちの「住まい」であるとは、なんという恵みでしょうか。動物も人里離れたところに「住みか」があります(ナホム2・11)。主が私たちの住まいであるとは、天地を造られた主が、私たちの中にいつもおられ、主との交わりがあり、私たちを敵から守ってくださる避け所であるということです。

主が私たちの住まいであるという恵みを、思い巡らしましょう。どんな気づきがありましたか。

祈り「主よ 世々にわたって あなたは私たちの住まいです」

184

7月3日 ―― 90・3～6

「あなたは人をちりに帰らせます」

天地創造の前からとこしえに神である主と比べて、人ははかないちりのような存在で、夕べにはしおれて枯れる草のようです。日本人はそこに無常という美を見ました。神の人モーセは、ちりに等しい人が神を「住まい」としている恵みを見ました(1節)。

あなたは自分の存在や生涯がはかないと思うときがありますか。

祈り「主よ、私はちり同然ですが、主を『住まい』とする者です」

185

7月4日 ―― 90・7~12

「あなたは私たちの咎を御前に」

私たちの罪も咎も主の目には明らかです(ヘブル4・12~13)。神は正しいさばきを行います。これは恐ろしいことです。しかし別の見方をすると、主は私たちの罪を、最もふさわしい方法で対処してくださるということです。私たちは罪を隠しますが、しかし主は、私たちの罪に光を当てて、赦しと癒やしと回復へと導いてくださいます。

主が対処しようとしているあなたの罪や失敗はないでしょうか。

祈り「主よ、私の罪を、あなたの御顔の光の中で扱ってください」

186

7月5日 ―― 90・13~15

「朝ごとに　あなたの恵みで」

なんと幸いなことでしょう。朝ごとに新しい主の恵みで満ち足りることとは。夜の闇が陽の光に取って代わられるように、主の恵みは私たちを生き返らせます。恵みの主は、「私たちが 苦しめられた日々と　わざわいにあった年月」(15節)を、一日、また一日と贖って、ご自分の恵みと喜びに満ちあふれさせてくださるようです。

「主は私の苦しみを贖ってくださった」という経験はありますか。

祈り「主よ、私が苦しんだ一日一日を、あなたの恵みで贖ってください」

187

7月6日 ―― 90・16〜17

「主の慈愛が　私たちの上にありますように」

人間として成長するとは、自立することです。いつまでも親に依存してはいられません。しかしこの詩篇の最後には、神に依存することばが並んでいます。みわざを現してください、私たちの手のわざを確かなものにしてください等々。クリスチャンの成長は、すべてのことが神のわざであり、それにあずかっていくことを教えられていくことなのです。

すべてが神のわざなら、私たちがすべきことはないのでしょうか。

祈り「主よ、あなたの慈愛が、私たちの上にありますように」

188

7月7日 ―― 91・1〜2

「いと高き方の隠れ場に住む者」

台風が近づいて家が飛ばされそうになっても、頑丈にできた避難所に逃げ込んだら、何も心配することはありません。主を「私の砦」と呼んでいるように、敵のどんな攻撃も跳ね返す強固な守りの中にいたら、どんなにほっとするでしょう。このように、主は現実の問題や脅威から、私たちを守ってくださる方です。

主の「隠れ場」に住むとは、具体的にどうすることでしょうか。

祈り「主は私の隠れ場、避け所、砦、信頼する私の神です」

189

7月8日 ―― 91・3〜9

「主は ご自分の羽であなたをおおい」

弓矢で撃たれても、頑丈な鎧で身を固めていたら、矢は歯が立ちません。私たちは矢を撃たれる前から、「矢が当たったらどうしよう」と恐れる者です。恐怖とはそのようなものです。しかし、主はご自分の翼で私たちを守ってくださいます。私たちがすべきことは、矢を恐れることではなく、主の「翼の下」にとどまり続けることです。

あなたが今、恐れていることは何ですか。それはなぜですか。

祈り「私の避け所なる主よ、あなたの翼で私をおおってください」

190 ７月９日 ―― 91・10～13

「主が あなたのために御使いたちに命じて」

御使いについては現実離れしたことが多く語られます。だからこそ、私たちは聖書に基づいて御使いを知らなければなりません。御使いは神のみこころを実現するための使者です。御使いはすべての道で、私たちを守ります（11節）。御使いを強調しすぎることも、軽視することも、どちらもバランスを欠いた態度です。

それでは、殉教した人は、御使いが守らなかったのでしょうか。

祈り「主よ、御使いによって、私を守ってください」

191 ７月10日 ―― 91・14～16

「わたしは苦しみのときに彼とともにいて」

91篇の結びは、恵みのことばにあふれています。主は、私たちが主を愛している、主を知っている、と言ってくださいます（14節）。私たちが主を呼び求めれば答えてくださり、苦しみのときにともにいてくださると約束しています。主は私たちとともにいてくださり、私たちを救い、「誉れ」を与えてくださいます（15節）。

ここに書かれた恵みのことばで、特に心に響いたのはどれですか。

祈り「主よ、あなたが私を苦しみから救うとは、私に誉れを与えてくださることなのですね」

192

7月11日 ―― 92・1～4

「**主に感謝することは 良いことです**」

主に感謝し賛美することは良いことであり、喜ばしいことです。私たちの心はそのままにしておくと、感謝と賛美ではなく、心配や恐れや憎しみに向かいます。朝ごとに夕ごとに、主の恵みと真実を覚え、私たちの心を主に向けましょう。御手のわざを一つ一つ覚えて、主に感謝し賛美しましょう。感謝と賛美こそ、神の民の生き方なのです。今、主の恵みと真実、御手のわざを思い出して、感謝しましょう。

祈り「主よ、あなたの恵みと真実、御手のわざを覚え感謝します」

193

7月12日 ―― 92・5～9

「**あなたの御思いは あまりにも深いのです**」

私たちは主のみわざがどれほど大きいか、その御思いがどれほど深いか分かっていません。無思慮な者や愚か者と同じです（6節）。だれかが（特に悪い者が）栄えていることだけを見て（7節）、平安を失います。しかし主は、不法を行う者をみな滅ぼされるのです。主の御思いの深さから目を離すと、ただ目に見えるものがすべてだと思ってしまいます。

あなたが「主の御思いは深い」と思った経験を一つ挙げましょう。

祈り「主のみわざは何と大きく、御思いは何と深いことでしょう」

194

7月13日 ―― 92・10～15

「**彼らは 主の家に植えられ**」

主は正しい者を野牛の角のように力強くし、なつめ椰子やレバノンの杉のように生い茂らせてくださいます。この恵みはどこから来るのでしょうか。「主の家に植えられ」ること、すなわち、主との交わりによって、主のいのちをいただくことによるのです。そのような人は年老いても実を実らせ、青々と生い茂ります（14節）。

あなたも主の家に植えられた者であることを思い巡らしましょう。どんな気づきがありましたか。

祈り「主よ、私をあなたの家に植えてくださり、感謝します」

195

7月14日——93篇

「主こそ王です」

主こそとこしえに王です。王なる主は威光と力をまとっておられます（1節）。川は轟音をとどろかせ、海は波をとどろかせます。そのように、この地上で圧倒的な力を示すものを見るときには思い出しましょう。主の威光と力がはるかにまさっていることを。私たちは主が王であることを忘れています。主は王です。王が守ってくださるので、私たちは揺るぎません。

あなたが今までに見た中で最も圧倒的な力を持つものは何ですか。

祈り「主こそ王です。とこしえに威光と力をまとった王です」

196

7月15日——94・1〜11

「主は見ることはない」

愚か者は主が「復讐の神」（1節）であることを忘れています。正しいさばきを行う主が、さばきの時を伸ばし、悔い改めの機会を与えているにもかかわらず、愚か者は高慢になります。そして、主は見ることはない、気づかないと思い込んでいるのです。しかし、目を造った方が見ないのでしょうか（9節）。

私たちも愚か者と同じになっているときはないでしょうか。

祈り「主よ、あなたは復讐の神であり、恵みの主です」

197

7月16日 ―― 94・12～15

「わざわいの日に　あなたはその人に平安を与えられます」

わざわいの日、すなわち、悪しき者が勝ち誇り、神がさばきを行わないように見える日々にも、主の幸いがあるとこの詩篇は語ります。なぜでしょうか。そのような時にも、主はご自分の民を戒め、みことばによって教え続けておられるからです（12節）。試練の中でも、主はご自分の民に平安をお与えになるのです（13節）。

主はあなたにも平安を与えているでしょうか。

祈り「主よ、今こそ私はあなたの平安が必要です」

198

7月17日 ―― 94・16～23

「私のうちで 思い煩いが増すときに」

だれが私のために立ち上がってくれるのでしょうか。主です（16節）。私たちはよろめかずにいることも、思い煩わないでいることもできません。私たちにできることは、「主よ、支えてください」「喜ばせてください」と祈ることです（18～19節）。これは消極的で受け身な態度ではありません。主の恵みに期待する積極的な生き方なのです。

今、あなたの心を思い煩わせていることは何ですか。

祈り「主よ、私が思い煩うとき、あなたの慰めと喜びを私に与えてください」

199

7月18日 ―― 95・1～5

「さあ 主に向かって 喜び歌おう」

主を賛美することは交わりを造り出し、共同体に向かいます。一人でいるときに主を賛美することは幸いなことです。その賛美は交わりへの渇きとなり、神の民とともに主をほめたたえることで満たされます。私たちは賛美することによって、主がすべての神々にまさって「大いなる王」（3節）であることを実感するのです。

あなたはだれかを（あるいは、だれがあなたを）賛美に招いていますか。

祈り「天地を造られた主は、すべての神々にまさって大いなる王です」

200

7月19日 ―― 95・6～11

「あなたがたの心を頑なにしてはならない」

主は私たちの羊飼いであり、私たちは「その牧場の民 その御手の羊」です（7節）。主は私たちを守り、養い、導いてくださる方です。その主に対して、私たちはどのような態度を取ったらいいのでしょうか。主の御声を聞くなら、自分の心を頑なにしないこと、主の御声に心を開いて従うことです（8節）。

あなたの心が頑なになって、御声に耳を閉ざしていることはないでしょうか。

祈り「主よ、私の心は頑なです。私の心を開いてください」

201

7月20日 ―― 96篇

「新しい歌を主に歌え」

古くから歌い継がれた賛美歌に価値がないのでしょうか。なぜイスラエルの民は（そして私たちは）主に「新しい歌」を歌うのでしょうか。その理由は、主の恵みとあわれみは「朝ごとに新しい」ことにあります（哀歌3・22～23）。主は栄光に満ちあふれているので、私たちにはそれが日々新しいほどです。賛美も新たに生まれます。

あなたが「新しい歌を主に歌う」ためにできることは、何ですか。

祈り「新しい歌を主に歌え。全地よ、主に歌え。ハレルヤ」

202

7月21日 ―― 97・1～7

「**主は王である。地は小躍りせよ**」

「主は王である」ということが、すべての被造物の在り方を決めます。地は小躍りし、島々は喜び、雲と暗黒が主を取り囲み、火が主の敵を焼き尽くし、稲妻は世界を照らし、山々はろうのように溶けます。このように王なる主の臨在と力は計り知れません。偽りの神々を誇る者は恥を見ます。神々も主にひれ伏すしかないのです。

「主は王である。私たちは〇〇〇」。〇〇〇の部分にどんなことばを入れますか。

祈り「主は王です。私を王の民として生かしてください」

203

7月22日 ―― 97・8～12

「**ユダの娘たちも小躍りしました**」

あなたが一番最近「小躍り」したのはいつでしたか。主を信じる者たちが小躍りして喜ぶのは、王なる主の正しいさばきが行われた時です（8節）。主の栄光が高くあがめられる時です（9節）。私たちが目指すものは、小躍りすること自体ではありません。主の御思いが私たちを通して実現し、主があがめられることを求めるのです。

あなたが兄弟姉妹の喜びのためにできることは、何でしょうか。

祈り「主よ、正しいさばきを行い、私たちを喜びに満たしてください」

204

7月23日 ―― 98篇

「**主は　イスラエルの家への　恵みと真実を覚えておられる**」

私たちの内側に、「こんな状況で新しい歌を主に歌えるか」という思いがないでしょうか。この詩篇は私たちの心を過去、現在、未来に向けます。

(1)かつて主が行った「奇しいみわざ」（1～3節）。

(2)今、神の民と全被造物の賛美に加わること（4～8節）。(3)やがて主が地をさばくために来られることです（9節）。

過去、現在、未来の主のみわざをそれぞれ黙想しましょう。どんな気づきがありましたか。

祈り「過去、現在、未来にわたる主の恵みと真実のうちに、私を保ってください」

205 7月24日――99篇

「主が賜ったおきてを守った」

「主は聖なる方」（3、5、9節）。すべてのものから聖別された方。その主がケルビムの上に座し（1節）、シオンにおられる（2節）、つまり私たちとともにいてくださるのです。さらに主は雲の柱から語り、さとし（律法）を与えてくださいました（7節）。私たちが主のことばに守られ、導かれるためです。主の恵みは尽きません。

主があなたを守り、導くために語っていることばは何でしょうか。

祈り「主よ、あなたのおきては、私を守り導く恵みのことばです」

206 7月25日――100篇

「全地よ　主に向かって喜びの声をあげよ」

全地が、主に感謝し賛美するように招かれています。私だけでなく、私たちだけでなく、全被造物が。「喜び歌いつつ御前に来たれ」（2節）。喜びの源泉は何でしょうか。「**主**こそ神」であること、「主が 私たちを造られた」こと、そして「私たちは主のもの」であることです（3節）。この三つを深く知り、心で受け止めましょう。

三つのことを思い巡らしましょう。どんな気づきがありましたか。

祈り「主こそ神、私たちを造られた方、私たちは主のものです」

207

7月26日――101篇

「恵みとさばきを 私は歌います」

この詩篇は自分の家、そして自分の周りを監視して、悪を行う者をさばき、一掃するように勧めているのでしょうか。いいえ。ダビデ王ですら大きな罪を犯しました。この詩篇は主の「恵みとさばき」の両方を歌っています。主は私たちが罪と悪に心を向けたり、行うことを望みません。御霊によって私たちを聖めてくださいます。

主はあなたをどのように聖めようとしているでしょうか。

祈り「父よ、キリストの恵みが私を赦し、御霊が聖めてください」

208

7月27日――102・1～17

「窮した者の祈りを顧み 彼らの祈りをないがしろにされないからです」

私たちは気落ちすると、祈りをやめてしまいます。しかし、この詩篇は嘆きを主の前に注ぎ出しています。なぜでしょうか。主は私たちの祈りをないがしろにしないからです（17節）。私たちも祈って主に叫ぶことをないがしろにしてはいけません。主は「定めの時」に必ず立ち上がり、ご自分の民をあわれんでくださいます（13節）。

この箇所からあなたは祈りについて、何を見直す必要があるでしょうか。

祈り「主よ、あなたは苦しむ者の祈りを顧み、決してないがしろにしません」

209

7月28日――102・18～22

「このことが 後の世代のために書き記され」

私たちの信仰の歩みと祈りは、私たちだけのためではありません。主が窮する者の祈りを顧みてくださる方であることを私たちが経験し（17節）、主の救いを経験することによって（20節）、「新しく造られる民が主を賛美」するようになるのです（18節）。さらには、やがて諸国の民が主に仕えるようになるためなのです（22節）。

あなたにとって「後の世代」とはだれのことだと思いますか。

祈り「窮した者の祈りを顧みる主よ、私が経験する恵みが、後の世代の益となりますように」

210

7月29日 ―― 102・23～28

「しかしあなたは　とこしえの方です」

前の箇所で見たように、主の恵みと救いを経験したことが、「後の世代」に語られなければなりません。そうだとしたら、自分のいのちがここで尽きていいのでしょうか、「私」は主に訴えます。天地を造った主のみわざは永遠に続くものです。その主の御手によって「私」が救われ、永遠の主のわざにあずかることを訴えています。

あなたのいのちが永遠の主の御手の中にあることを黙想しましょう。

祈り「とこしえの主よ、あなたの御手のわざに私をあずからせてください」

211

7月30日 ―― 103・1～5

「あなたの一生を　良いもので満ち足らせる」

あなたの中に「私の人生で、『良いもの』など何かあるだろうか」という思いがありますか。そうだとしたら、「主が良くしてくださったこと」（2節）を忘れているのです。主は私たちの「すべての咎を赦し」てくださる方です（3節）。自分で自分の心を責め続けず、主が良くしてくださったことに心を向け、主をほめたたえましょう。主が良くしてくださったことをできるだけ多く思い出しましょう。

祈り「わがたましいよ　主をほめたたえよ。主が良くしてくださったことを何一つ忘れるな」

212 7月31日 ―― 103・6～18

「父がその子をあわれむように」

父親が自分の子どもを愛してあわれむために、何か条件があるでしょうか。ありません。自分の子どもだから、父親として当然愛します。父なる神は、御子を信じる私たちを、御子を愛するようにご自分の子として愛してくださいます。決して変わらない御父の恵みを受けた者として、恵みの中に感謝しつつ忠実にとどまりましょう。

神があなたを子としてあわれんでくださることを黙想しましょう。どんな気づきがありましたか。

祈り「父なる神よ、私を子としてあわれんでくださり感謝します」

213

8月1日 —— 103・19〜22

「主は天にご自分の王座を堅く立て」

この詩篇は私たちが見失ってはならない霊的現実に目を向けます。霊的現実とは神の現実のことです。決して現実離れしたものではありません。神の現実とは何でしょうか。神は天の王座ですべてを統べ治めていること、御使いたちもみことばに従い、みこころを行い、神をほめたたえていることです。私たちはこの賛美に加わるのです。すべて造られたものが主を賛美している、と思うときがありますか。

祈り「わがたましいよ、御使いたちとともに、主をほめたたえよ」

214

8月2日 —— 104・1〜4

「あなたは光を衣のようにまとい」

この詩篇は主が大いなる方であり、威厳と威光を身にまとっておられることを、自然界を通して証ししています。太陽の光が差すとき、主が光を衣のようにまとう方であることを思いましょう。天を見上げるとき、主は天を天幕のように張ってご臨在する方であることを覚えましょう。水や雲や風を通しても主を覚えましょう。

光、天、水、雲、風を見て、主の偉大さを想像してみましょう。どんな気づきがありましたか。

祈り「光も天も水も雲も風も、主よ、あなたの偉大さを証ししています」

215

8月3日 —— 104・5〜9

「あなたは境を定められました」

この箇所は、神が天地を造ったことを語る中で、神が水を支配しておられることを証しします。その描写は詩的なもので、科学的なものではありません。神は水が再び地をおおわないように「堺」を定めました（9節）。海や川など自然の中の水を見るとき、神が力と知恵をもって水を支配していることを覚えましょう。

聖書の中で神が水を支配していることを示す箇所を挙げましょう。

祈り「主よ、大海や大河を従わせるあなたの知恵と力をほめたたえます」

216

8月4日 ——— 104・10〜18

「主の木々は満ち足りています」

主は何のために水を支配するのでしょうか。地を潤し、そこに住む生き物を満ち足らせるためです。野の獣も空の鳥も潤います（11〜12節）。草や作物が生じ、家畜も人も満ち足ります（13〜14節）。さらに私たちの心を喜ばせ、支えます（15節）。このように主は、ご自分の被造物を保ち、満ち足らせてくださるのです。

主があなたの心を満ち足らせるために備えてくださったものは、何でしょうか。

祈り「主よ、あなたはご自分の被造物を満ち足らせてくださる方です」

217

8月5日 ——— 104・19〜23

「主は季節のために月を造られました」

主が造られたものはすべて、驚くべき調和を保ち、その知恵を現しています。月と太陽によって一日のリズム、季節ごとのリズムが造られます。獣も人間もその調和とリズムに従って生活しています。神が被造物の中に込めた調和とリズムの一部にでも私たちの目が開かれたとき、神の愛と知恵を知り、私たちは驚嘆に満たされます。

「こんなところに神の知恵が込められていたんだ」と思った経験はありますか。

祈り「主よ、被造物に込められたあなたの知恵に、私の目を開いてください」

218

8月6日 ―― 104・24～26

「地は　あなたのもので満ちています」

海の生き物も地を這うものも、「小さなものも大きなものも」、すべて神が造られたものであり、主のものです。大海を船が行き交ったり、レビヤタン（海の巨獣）が戯れます。あたかも多様な被造物全体が、神が造られた世界を楽しみ満喫しているかのようです。

神が造った自然や世界を、あなたは満喫していますか。それはなぜですか。

祈り「主よ、被造物はあなたの創造した世界を満喫しています。私もです」

219

8月7日 ―― 104・27～30

「あなたが御霊を送られると」

神は人を造ったとき、その鼻にいのちの息を吹き込んで、人は生きる者となりました（創世記2・7）。この詩篇は、私たちのいのちも、いのちを保つことも、全面的に主、特にいのちの御霊である神に頼っていることに私たちの心を向けています。私たちは自分で働いて糧を得ていますが、その背後に主の御手があることを覚えましょう。

御霊なる神が私のいのちを支えていることを思い巡らしましょう。どんな気づきがありましたか。

祈り「御霊が私のいのちを支えていることに、私の目を開いてください」

220

8月8日 ―― 104・31～35

「私の心の思いが　みこころにかないますように」

主の創造と支配を歌ってきた詩篇は、主に栄光がとこしえにあるようにと賛美をもって終わります。主を賛美する中で、賛美のことばも「心の思い」もみこころにかなうことを祈り求めています（34節）。「私はみこころにかなっているか」と心配するのではなく、御霊が私たちのことばと思いを導いてくださることを祈りましょう。「これはみこころにかなっているか」という心配はありますか。

祈り「主よ、私はいのちの限り、主に歌い、主をほめたたえます」

221

8月9日 ―― 105・1～6

「主を慕い求める者たちの心よ 喜べ」

私たちと主の関係は、「慕い求める」関係です。地上の歩みを続ける間、私たちは主の御顔（ご臨在）を慕い求めます。やがて顔と顔を合わせて主にお会いする日を待ち望んで。もう一つ。主を慕い求めるための方法の一つは、「思い起こす」ことです。「主が行われた奇しいみわざ」、主の奇跡と口のことばを思い起こすことです（5節）。

あなたが「これは主のわざだ」と受け止めていることは何ですか。

祈り「主よ、私はあなたの御顔を慕い求めます。あなたのみわざを思い起こします」

222

8月10日 ―― 105・7～11

「主はご自分の契約を とこしえに覚えておられる」

私たちは主の約束とみわざをいつも覚えていなければなりません（5節）。なぜでしょう。主が覚えているからです（8節）。主がご自分の契約をとこしえに覚えているからです。永遠に確かな主のことば、約束、契約を忘れるとき、私たちは揺れ動きます。私たちは真実でなくても、主は常に真実な方です（Ⅱテモテ2・13参照）。

あなたに対する主の約束と契約のことばは、何でしょうか。

祈り「とこしえに変わらない主の契約と愛こそが、私たちの望みです」

223 8月11日 ―― 105・12～15

「わたしの油注がれた者たちに触れるな」

神が歴史の中で一度行ったことの重みを覚えましょう。ゲラルの王アビメレクがサラを召し入れたとき、主がサラを守りました（創世20・1～7）。主がこの時サラに指一本触れさせなかったということは、この時限りのことではなく、アブラハムの時代に限ったことでもなく、主がとこしえにご自分の民を守るという証しなのです。

「主の守りが及ばない場合もある」と思った経験はありますか。

祈り「主よ、あなたはご自分の民をだれにも虐げさせせない方です」

224 8月12日 ―― 105・16～23

「主のことばは彼を錬った」

その後ヤコブの家族たちは（主が招いた！）飢饉に苦しみました（16節）。彼らの思いを超えたところで、主は救いの道を用意していました。ヨセフが奴隷として売られたのです。ヨセフも苦しみを通りました。時が来るまで、主のことばが彼を「錬った」（精錬した、試した）のです。神のことばは、神の働きのために神の器を聖め整えるのです。

主があなたを「精錬」しようとしているみことばは何でしょうか。

祈り「主よ、みことばで私を錬り、試し、精錬してください」

225 8月13日 ―― 105・24～25

「主は人々の心を変えて」

イスラエルの繁栄に脅威を感じたエジプトは、彼らを苦しめました。しかもそれは神から出たことなのです（25節）。この問題は信仰者たちを悩ませてきました。神がすべてを支配しているのなら、不幸や苦しみも神が与えたものなのか。人の目には矛盾に見えるもの、しかし神の目から見ると矛盾ではないものが、あるのです。

愛の神がこんなことを許すのか、と思っていることがありますか

祈り「主よ、試練や不幸もあなたが与えるものなのでしょうか」

226 8月14日 —— 105・26〜38

「彼らは人々の間で主の数々のしるしを行い」

主はモーセとアロンを通して「数々のしるし」を行いました。これらの災害は、長子が打たれたことを除いて、すべて自然災害です。自然災害は神のさばきなのでしょうか。私たちは軽率に結論づけないように注意しましょう。ここで起こった災害は、すべて主が命じて(31節)、出エジプトという主の目的のために起こったものです。

今日の自然災害も、主が命じているのでしょうか。

祈り「主よ、あなたは自然災害の被害者たちをどんな思いでご覧になるのですか」

227 8月15日 —— 105・39〜41

「主が岩を開かれると」

私たちはお弁当を忘れただけでも、昼ご飯をどうするか心配になります。約束の地を目指して荒野を旅するイスラエルを、主は奇跡的な方法で導きました。今日主は摂理の手で私たちを養い、導いてくださいます。どちらも主の手によることです。私たちは主が摂理の手を伸ばしておられるのに、奇跡ばかり求めていないでしょうか。

主の摂理の手があるのに奇跡を求めていることはないでしょうか。

祈り「奇跡と摂理の主よ、私を養い導くのは、あなたの御手です」

228

8月16日 —— 105・42～45

「これは 彼らが主のおきてを守り」

そもそも主がイスラエルの民を約束の地に導いたのは、なぜだったのでしょうか。主がアブラハムへの契約を、その「聖なることば」を覚えておられたからです（42節）。喜びの叫びのうちに導き入れられた民は、この恵みにどう答えられるのでしょうか。主のおきてを守り、そのみおしえに従って生きることによってです（45節）。

主のおきてを守ることは、あなたにとって恵みですか。それとも重荷ですか。

祈り「主よ、主のおきてを守ることの恵みを私に教えてください」

229

8月17日 —— 106・1～5

「私は……あなたの国民の喜びを喜びとし」

選びの民イスラエルは、出エジプトを経験しました。しかし、主のみわざを忘れて、荒野の旅で繰り返し不平を言います。主はそのような不信仰と不従順の民が苦しむときに目を留め、あわれみ、恵みを与え続けました。詩人はそのような主を賛美することを人々に勧め、自分も共に主の恵みによる回復の喜びを味わいたいと祈ります。

兄弟姉妹の喜びがあなたにとっても喜びになっていますか。それとも違う感情が起こりますか。

祈り「主よ、私を、兄弟姉妹の喜びを共に喜ぶ者としてください」

230

8月18日 —— 106・6～12

「私たちは 先祖と同じように罪を犯し」

イスラエルの民は、葦の海を渡る神の奇跡を経験していたのに、主に逆らいました。私たちは彼らの不信仰を責めますが、この詩篇は違います。私たちも彼らと同じ罪と悪を行う者です。聖書に記された過去の出来事を見るとき、それを自分事として受け止めましょう。過去の神のみわざとことばが、今日の私たちに対するものになります。彼らは主の「豊かな恵み」を思い出しませんでした。あなたが経験した主の恵みを一つ（以上）思い出しましょう。

祈り「主よ、私もイスラエルの民と同じように罪を犯す者です」

231

8月19日 ―― 106・13～18

「彼らは荒野で激しい欲望にかられ」

荒野で民は「ああ、肉が食べたい」（民数11・4）と「激しい欲望」にかられました。「激しい欲望」は私たちを支配し束縛するほど強い力を持っています。注意が必要です。⑴その時、主の恵みのみわざを忘れ、主のことばを待ち望んでいませんでした（13節）。⑵結局欲望が満たされても、「彼らのいのちは衰え」ました（15節）。

今あなたが強い欲望や欲求を持っているものは、何ですか。

祈り「主よ、私の欲望と欲求を満たせる方は、あなただけです」

232

8月20日 ―― 106・19～27

「彼らはホレブで子牛を造り」

神のみわざを忘れ、神のことばを信じず、神ご自身を忘れた民は、自分たちのために雄牛の像を造り、拝みました（19～20節）。神を忘れた心は、空っぽのままではなく、偽物で満たそうとするのです。神はご自分の民の罪をそのままにはしません。根絶やしにしようとします（23節）。モーセのとりなしはメシアを予示しています。

あなたの心に「偶像」が入り込みそうな隙はないでしょうか。

祈り「主よ、あなたのみわざとことばを忘れることは、恐ろしいことです」

233 8月21日 ―― 106・28〜31

「彼らに主の罰が下った」

民数記25章を読みましょう。イスラエルの民が異教の神バアル・ペオルを拝んだのは、モアブの娘たちの誘惑を受けたからでした。その始まりは（異教的な）食事への招待でした（民数25・1〜2）。私たちを神から引き離す誘惑は、巧妙に私たちの隙を突いてきます。

あなたを巧妙に主から引き離そうとする誘惑はないでしょうか。

祈り「主よ、弱さと油断を突く誘惑から、私を守ってください」

234 8月22日 ―― 106・32〜33

「彼が軽率なことを口にしたのである」

「メリバの水」の出来事で、モーセは岩に命じるという主のことばを受けていました。しかし反逆の民を前にして、「この岩から、われわれがあなたがたのために水を出さなければならないのか」（民数20・10）と言って、杖で岩を二度打ちました。軽率なことばと行動の根は、普段は表面化しなくても、問題に直面したときに現れます。

軽率なことを口にした経験を一つ思い出しましょう。その時、どうすればよかったのでしょうか。

祈り「主よ、私は軽率な者です。知恵と忍耐を与えてください」

235 8月23日 ―― 106・34〜39

「彼らは 主が命じられたのに」

主が命じられたことばに従わないことが、すべての罪と失敗の始まりです。主は異教の神々に仕えている民を聖絶するように命じていました。イスラエルの民が異教の「忌み嫌うべきこと」をするようにならないためです（申命20・16〜18）。ここに罠があります。神のことばに従わないことと異教の習慣に従うことは表裏一体です。

異教の習慣の中で生活する私たちは、何に注意すべきでしょうか。

祈り「主よ、みことばによって、私を悪い者の罠から守ってください」

236

8月24日 ―― 106・40〜46

「それでも 彼らの叫びを聞いたとき……」


「……主は彼らの苦しみに目を留められた」(44節)。これこそ主が契約を忘れず、恵みとあわれみが尽きない証拠です(45節)。人間的に見れば、これだけ主との契約に背き続けたイスラエルの民は、主の怒りによって滅ぼされて当然です。しかし、御怒りが燃え上がっても、ご自分の民が苦しんでいるのを見ると、恵みが勝利するのです。

主はイスラエルに甘いのでしょうか。あなたには甘いでしょうか。

祈り「正義の神があわれみ深い父であることこそ、私の慰めです」

237

8月25日 ―― 106・47〜48

「わたしたちの神 主よ……」


「……私たちをお救いください」(47節)。詩篇記者が繰り返しイスラエルの罪と神の恵みを語って来たのは、記者自身が同じような苦難の中にいたからでしょう。バビロン捕囚の時だったのかもしれません。昔反逆を繰り返したご自分の民を救った神に、今自分たちのことも救ってくださいと嘆願しました。御名の誉れのために。

私たちの神の誉れを勝ち誇りましょう(47節)。さて、何と言って勝ち誇りましょうか。

祈り「反逆のイスラエルを救った神よ、私のことも救ってください」

238 8月26日 ―― 107・1～3

「**主に贖われた者は　そう言え**」

「**主**に感謝せよ。主はまことにいつくしみ深い。その恵みはとこしえまで」（1節）というのです。このことばは詩篇で繰り返されています。この詩篇は、主が（おそらく）敵バビロンの手から自分たちを贖ってくださったことに感謝し、主の恵みといつくしみを勝ち誇っています。こうして106篇47節の嘆願は成就したのです。

あなたはキリストを信じて救われたということ以外で、主の救いをどのように経験したことがありますか。思い返してみましょう。

祈り「**主**に感謝せよ。主はまことにいつくしみ深い。その恵みはとこしえまで」

239 8月27日 ―― 107・4～9

「**まことに主は　渇いたたましいを満ち足らせ**」

飢えを満たすのは食物、渇きを満たすのは水、孤独を満たすのは友、そして私たちのたましいを満ち足らせるのは、主です（9節）。飢えや渇きや苦悩は、私たちを主から引き離す力になります。しかし、私たちの心がそちらの方向に向かうのではなく、「**主**に向かって叫ぶ」と、主の恵みと救いを経験します（6節）。

あなたのたましいは満ち足りていますか、渇いていますか。

祈り「私の渇いたたましいを満ち足らせる方は、主よ、あなただけです」

240 8月28日 ―― 107・10～16

「**彼らはよろけたが　だれも助けなかった**」

「闇と死の陰に座す者」（10節）。これは捕囚で捕らわれた状態を言っているのでしょうか。孤独と苦しみの中で、助けてくれる人はだれもいませんでした。それは主のみに頼ることを学ぶためでした。主の救いは足かせと青銅の扉を打ち砕くほど力強いものでした（16節）。

あなたが主の力で打ち砕いてほしい「かせ」は何ですか。

祈り「主の恵みは、私を縛る鉄のかせを打ち砕く圧倒的な力です」

241 8月29日 ―― 107・17～22

「愚か者は　自分の背きの道のため　また　咎のために苦しみを受けた」


「愚か者」とは知恵を軽んじ、主のことばに意図的に従わない者のことです。そして苦しみます。愚か者が自分の愚かさから救われる一歩は、主に叫ぶことです（19節）。主は救いのために「みことばを送」ります（20節）。主のことばを拒むという愚かさは、主のことばを受け入れるということによってしか癒やされません。

あなたは自分を愚か者だと思いますか。それはなぜですか。

祈り「主よ、私は自分の愚かさに気づかないほど愚かな者です」

242 8月30日 ―― 107・23～32

「主は彼らをその望む港に導かれた」


熟練した船乗りであったとしても、海ではなす術もないほどの暴風に翻弄されることがあります。主は嵐さえも支配する方です。嵐の中で主に叫ぶとき、主はそこから救い、導き出してくださいます。私たちを「望む港（目的地）」まで導くのは、熟練した技術や経験ではなく、主です。その奇しい恵みのゆえに、主を賛美しましょう。

マルコ4・35～41を読みましょう。どんなことに気づきましたか。

祈り「救い主イェスの手にある　身はいとも安し」（聖歌472番）

243

8月31日 ―― 107・33〜38

「主が祝福されると 彼らは大いに増え」

水の湧き上がる土地を砂漠に変えるのも、砂漠を水の湧き上がる土地に変えるのも、主です。私たちは砂漠に住んでいないから関係ないのでしょうか。いいえ。二つのことを覚えましょう。主の祝福こそが私たちを豊かにするのです（38節）。そして、主が私たちの悪のゆえに祝福を取り去らないように、恵みにとどまることです。

苦しみや不幸に遭うとしたら、私たちの罪のせいでしょうか。

祈り「主よ、あなたの祝福こそが私たちを豊かにし、実を結ばせます」

244

9月1日 ―― 107・39〜43

「主の数々の恵みを見極めよ」

「知恵のある者」はだれでしょうか。主の恵みを知る者、すなわち恵みを見極める者です。この詩篇が繰り返し証ししてきたように、苦しみのときに民が主に向かって叫ぶと、主は彼らを苦悩から救い出してくださいました。このような主の恵みを見極め、心を留める者が知恵のある者なのです。主の恵みの御手のわざを見極めることをひたすら求めましょう。

祈りながら、あなたに現された主の恵みを見極めてみましょう。

祈り「主よ、私を、主の数々の恵みを見極める者としてください」

245

9月2日 ―― 108・1〜5

「神よ 私の心は揺るぎません」

「いや、私の心はいつも揺れ動いて、不安だらけです」という思いがないでしょうか。確かに私たちの心は揺れ動きます。神の恵みを離れては。だから詩篇は「**主**の数々の恵みを見極めよ」（107・43）と語りかけるのです。主の恵みは、私たちの不安な心を賛美で満たし、堅く立て、諸国の民の間で、天にまで賛美を呼び起こすのです。

今、あなたの心を占めているものは何ですか。賛美ですか。不安ですか。

祈り「主よ、弱く不安な私の心を、主の恵みで満たしてください」

246

9月3日 ―― 108・6〜9

「わたしは 喜んでシェケムを分け」

7〜8節に書かれた地名は、カナンでイスラエルの民が分割して移住した地です。これらの地名から、そこで神さまが行ったみわざを思い起こします。9節の地名は、イスラエルに敵対した民を示します。主はその戦いでもイスラエルを救ってくださいました。地名はそこで現された神の恵みと力を力強く証しするものです。

あなたが神の恵みと力を経験した場所を思い出してみましょう。

祈り「主は私が置かれた場所で、恵みと力を現してくださいます」

247

9月4日 ――― 108・10〜13

「神よ あなたは私たちを拒まれるのですか」

神が私たちを拒むなどということがあるのでしょうか。この詩篇はかつてイスラエルの民に現された神の力と救いに訴えて、神が今助けてくれないなら、神は恵みの契約を捨てて私たちを拒むことになる、と神に迫ります。ヤボクの渡しでのヤコブのように、祈りは神との格闘になることがあります（創世32・24）。

あなたが神に、「私を拒むのですか」と訴えたいことはありませんか。

祈り「恵みと力の神よ、私を拒まないで、助けてください」

248

9月5日 ――― 109・1〜5

「私は祈るばかりです」

ダビデは「憎しみのことば」で責められていました。それは事実に基づくものではなく、偽りでした。彼にできることは神に祈り、訴えることでした。「私の賛美である神よ。沈黙しないでください」。私たちは自分で言い返して、互いに傷つけ合います。自分が受けた非難を神に訴えて、神に弁護してもらいましょう。

だれかに反論したいことがありますか。それを主に訴えましょう。

祈り「主よ、私は非難されるとき、祈ります。あなたが私を弁護してください」

249

9月6日 ―― 109・6～20

「彼が呪いを愛したので」

詩篇は「魂のあらゆる部分の解剖図」（カルヴァン）であると言われます。自分を呪う者が逆に呪いを受けることを願うのが、私たちの心です。「あなたがたを呪う者たちを祝福しなさい」（ルカ6・28）という主のことばを知っていても、心の中には苦い思いが湧き起こってきます。その思いを相手に向けるのではなく主に差し出しましょう。

あなたは、「私にはだれかを呪う思いがない」と言い切れますか。

祈り「主よ、呪いに向かう私の心を、あなたの御手にお収めください」

250

9月7日 ―― 109・21～25

「御恵みのすばらしさのゆえに」

しかし、呪いはこの詩篇の結論ではありません。呪いへの衝動がどれほどリアルなものであるとしても（リアルなものであるからこそ）、この詩篇の祈りは恵みへと向かいます（21節）。「私の主よ」と神に祈るとき、私のうちにある呪いの思いを主に向けるとき、主は刺し貫かれた私たちの心を、ご自分の恵みで包み込んでくださいます。

あなたの心の傷は何ですか（22節）。それを主に祈りましょう。

祈り「主よ、あなたの恵みは、呪いを求める私たちの思いに勝利します」

251

9月8日 ―― 109・26～31

「彼らは呪います。しかし あなたは祝福してくださいます」

呪われたら呪い返す。これが人間の現実です。しかしこの詩篇は、神の祝福が呪いに打ち勝つことを証しします。神は呪いと復讐を求める私たちの心を、祝福と賛美で覆ってくださるのです。主は恵みによって私たちを助け、救ってくださることによって、復讐に向かう私たちの心を、主に感謝し、賛美する心としてくださいます。

主があなたの右に立っておられることを黙想しましょう（31節）。どんな気づきがありましたか。

祈り「主の恵みによって、私の復讐心を賛美に変えてください」

252

9月9日 ―― 110・1

「わたしがあなたの敵を　あなたの足台とするまで」


神が王の敵を従わせることを告げるこの箇所は、イエスさまによって引用され、この王（「私の主」）がイエスさまご自身を指すものとして理解されてきました。イエスさまこそ王の王、主の主として、敵を足台として圧倒的な勝利を収める神の子キリストです。

主に勝利して「足台」としてほしい、あなたの「敵」は何ですか。それは本当に主が「足台」とすべき「敵」でしょうか。

祈り「イエスさま、私の敵に勝利し、足台としてください」

253

9月10日 ―― 110・2〜3

「あなたの敵のただ中で治めよ」


王なる主キリストによる支配は、敵がいなくなったときに始まるものではありません。敵のただ中で主は支配するのです。王としての主の力は、敵がいるかいないかで影響されるものではありません。敵がどれだけ強靭に見えても、主はそれを突破する力があります。主の支配は、民が喜んで主に仕え、戦うことによって発揮されます。

あなたの周りでどのような主の支配があるか探してみましょう。

祈り「主よ、あなたは問題や敵意のただ中で、王として支配する方です」

254 9月11日 ―― 110・4〜7

「あなたの右におられる主は」

王は主の右の座に着いていているように命じられていました（1節）。これは主が王の右におられるということです（5節）。私たちはよく「自分は神の近くにいるか」『ふさわしい歩みをしているか。いや、していない」と思って落胆します。これは発想が逆です。私たちの土台は、主が私（たち）の右にいてくださることなのです。

「主が私の右におられるので……」。「……」の部分にことばを続けてみましょう。

祈り「主よ、私の右におられるあなたのみわざに、私をあずからせてください」

255 9月12日 ―― 111篇

「直ぐな人の交わり 主の会衆において」

主の奇しいみわざはあまりに偉大なので、自分一人の心では感謝し尽くすことができません。だから主の民が集まって、心を尽くして感謝し賛美するのです。主の会衆の賛美に加わることによって、主の奇しいみわざが私たちの心に刻まれるのです（4節）。主の偉大なみわざには、主の情け深さ、あわれみ深さが現されています。

主のみわざが心に刻まれるとは、どういう経験だと思いますか。

祈り「主よ、私の心にあなたの奇しいみわざを刻んでください」

256 9月13日 ―― 112篇

「幸いなことよ。主を恐れ その仰せを大いに喜ぶ人は」

「主を恐れ その仰せを大いに喜ぶ」（1節）ことと、「主に信頼して 心は揺るがない」（7節）ことは表裏一体です。この詩篇が証しする祝福を経験するために私たちがすることは、その祝福自体を求めることではなく、主を恐れ、主の仰せのことばを味わい、喜ぶことです。主の仰せを喜ぶ者の心を揺るがすものは何もありません。

　主が語ることばを喜ぶために、あなたに必要なことは何ですか。

祈り「幸いなことよ。**主**を恐れ　その仰せを大いに喜ぶ人は」

257　9月14日 ―― 113篇

「主は弱い者をちりから起こし」


　主の一つひとつの動作が、主の愛と恵みと栄光のすべてを現します。栄光の御座に座しておられる主は、身を低くして弱い者をご覧になり、ちりから起こしてくださいます（7節）。主は弱い者を（そして私たちのことも）見つめ、膝をつき、手を取り、腕を回して、起こしてくださるのです。そのすべてに愛が現れています。

　主があなたのことも起こしてくださる姿を思い描きましょう。どんな気づきがありましたか。

祈り「主よ、だれが、私たちの神、主のようでしょうか」（5節参照）

258　9月15日 ―― 114篇

「神は 岩を水の潤う沢に変えられた」


　この詩は、主の御手によってイスラエルがエジプトを出たこと、そして荒野の旅で経験した数々のわざを覚えて、主を賛美しています。その一つが、硬い岩（飲み水を求めても最も得られる見込みのない場所）を、水の潤う沢に、水のあふれる泉に変えられたことです。神の力は最も見込みのないところでも現されるのです。

　あなたは今、「硬い岩」（8節）のように見込みがないと感じていることはありませんか。

祈り「主よ、あなたの力は、硬い岩から水をあふれさせるほどです。あなたの変わらない愛で私を圧倒してください」

259

9月16日　――　115・1～8

「彼らの神は　いったいどこにいるのか」

私たちの敵が信仰を攻撃することばに、「おまえの神はどこにいるのか」があります。冷静に考えれば、人の手による偶像など、天の御座に着いて万物を支配する神とは比べ物にならないことなど明らかです。しかし、私たちを攻撃する声は、偶像の神が、恵みとまことに富む栄光の主よりも勝るものであると思い込ませようとします。

「あなたの神はどこにいるのか」という声に、あなたはどう答えますか。

祈り「私たちの神は天におられ、恵みとまことに富む父です」

260

9月17日　――　115・9～18

「主を恐れる者たちよ　主に信頼せよ」

敵の声に対して、この詩篇は、「**主**に信頼せよ」「主こそ助け　また盾」「**主**は……祝福してくださる」と繰り返し語ります。私たちは「彼らの神はいったいどこにいるのか」という声に惑わされてはいけないのです。主を信頼することから私たちを引き離そうとする声に対しては、「ＮＯ（ノー）」と言わなければなりません。

主への信頼、主の助け、主の祝福。それぞれ思い巡らしましょう。どんな気づきがありましたか。

祈り「主に信頼せよ。主こそ助け。主は私たちを祝福する方」

261

9月18日　――　116・1～4

「主が私に耳を傾けてくださるので」

私たちが最初に問うべきことは、「私は主を呼び求めているだろうか」ということではありません。「主が私に耳を傾けてくださる」ということです。だから私たちは主を呼び求めるのです。これは私たちの不信仰と不安、「おまえの神はどこにいるのか」という敵の嘲りを打ち砕く希望のことばです。私の祈りはひとり言ではないのです。

今日の私たちの祈りに主が耳を傾けてくださることを覚えて、祈りましょう。

祈り「主よ、あなたは私に耳を傾けてくださいます。私は主を呼び求めます」

262

9月19日 ―― 116・5～11

「私のたましいよ おまえの全きいこいに戻れ」


私たちはあまりに長い間苦しみの中にいると、その苦しみが自分の一部になってしまい、実際にはその苦しみがなくなったとしても、「苦しむ自分」が残存することがあります。詩篇記者のたましいは、「全きいこい」を実感していませんでした。この詩篇はそのようなたましいを主の「全きいこい」へと導く主の招きのことばです。

あなたは主の「全きいこい」を実感していますか。

祈り「あわれみ深い主よ、あなたこそ私の『全きいこい』です」

263

9月20日 ―― 116・12～19

「私は主に何と応えたらよいのでしょう」


主が私たちのためにしてくださったすべての良いことに対して、私たちのできる応答は、その救いと恵みを証しし、感謝し、主の御名を呼び求め、主に自分の誓いを果たすことです（13、14、17、18節）。主がなさったみわざと語ったことばの一つ一つに重みがあるように、私たちが口にしたことばも主の前で重みがあるのです。

あなたが軽率なことばで失敗しやすいのは、どういう時ですか。

祈り「主よ、軽率なことばで失敗することから私を守ってください」

264 9月21日 ―― 117篇

「すべての国々よ 主をほめたたえよ」

私たちは「わがたましいよ **主**をほめたたえよ」（103・1）と心の底から主を賛美することを学びました。そのときに忘れてはならないことは、賛美の広がりです。たましいの底から、あるいは神の民が一堂に会して主をほめたたえるとき、主を賛美する声は私たちの心や教会にとどまりきらず、全地にわたるものであることを覚えましょう。

ピリピ2・9〜11を読みましょう。どんなことに気づきましたか。

祈り「主よ、全地はあなたの御名をほめたたえます。ハレルヤ」

265 9月22日 ―― 118・1〜4

「主の恵みはとこしえまで」

主の民とされた者は、主の恵みの世界に入れられました。それは主の親切さ、思いやり、愛、忠実さ、いつくしみ深さという深く豊かな世界です。主の恵みは永遠に続くものです。それは遠い将来のことではなく、過去も、現在も、未来にも続くものです。私たちは神の豊かな恵みの世界に入れられ、主の恵みによって生かされているのです。

私たちが主の恵みの世界に入れられたことを実感するためには、どうしたらいいでしょうか。

祈り「**主**に感謝せよ。主はまことにいつくしみ深い。その恵みはとこしえまで」

266 9月23日 ―― 118・5〜14

「しかし主の御名によって 私は彼らを断ち切る」

「主の恵みはとこしえまで」とは、過去も未来も現在にも現実です。苦しみのうちから主を呼び求めると、主は答えてくださいます。主は私の味方です。主に身を避けられます。敵や困難や苦しみに取り囲まれても、私たちは主の御名によってそれらを断ち切るのです。「主の恵みはとこしえまで」――この真理を追い求めましょう。

この中であなたが一番経験したい主の助けは、どれですか。

祈り「主は私の力、ほめ歌。主は私の救いとなられました」

267

9月24日――118・15～18

「主は私を厳しく懲らしめられた」

おそらくこの詩篇は実際の戦いと、主の力による勝利に基づいて書かれたものです。主が私たちの味方であり、その右の手が救ってくださるからといって、主は私たちの罪を見逃してくださるということではありません。主は私たちを滅ぼすためではなく、生かすためなのです（18節）。

私は主の懲らしめによって生かされた、という経験がありますか。

祈り「主よ、あなたは私を死に渡すためではなく、生かすために懲らしめます」

268

9月25日――118・19～20

「私はそこから入り 主に感謝しよう」

「私」は主の右手のわざによって救いを経験した者として神殿に入り、主の民とともに主に感謝します。私たちの賛美は、主の民とともに感謝し、主のみわざを語り告げるものです。主をほめたたえるとき、私たちの側から「義の門」を通って礼拝にやって来たのではなく、主に招き入れられたことを知るのです（ヨハネ4・23参照）。

「義の門」を通って主の御前に出る情景を思い描いてみましょう。どんな気づきがありましたか。

祈り「主よ、私を聖所の御前に招いてくださり、感謝します」

269

9月26日 ―― 118・21〜25

「これは主がなさったこと」

双方から伸びてきた石垣を支える「要の石」は慎重に準備され、選ばれました。石垣全体を支えるからです。私たち自身の人生、教会、社会生活の中で、それらを築き上げていくためになくてはならない「要の石」は主が備えてくださいます。「なぜそんなものが必要なのか」と私たちの目には不思議なこともあるかもしれません。

あなたは主が備えてくださったものを捨てていないでしょうか。

祈り「主よ、あなたが備えた『要の石』を見極める目を私に与えてください」

270

9月27日 ―― 118・26〜27

「祝福あれ」

私たちが住む世界には多くの悲しみ、苦しみ、憎しみがあります。しかし、主のみもとには賛美と祝福が満ちています。私たちの救いであり、光であり、いのちである主に対する賛美。感謝と賛美のために主の家に来る人たちに対する祝福。私たちの主なる神は祝福する父です。父の祝福を受けた者は、人を祝福する者となるのです。

今日あなたの祝福を待っている人はだれでしょうか。

祈り「祝福の主よ、私を、人を祝福する者としてください」

271

9月28日 ―― 118・28〜29

「あなたは私の神」

この詩篇をしめくくるために、1節のことばが繰り返されます。1節に何も付け加わらなかったのでしょうか。いいえ。この詩篇は「主の恵みはとこしえまで」ということを私たちの心に深く刻んだのです。その結果が、「あなたは私の神」という主に対する呼びかけです。これは「私はあなたのもの」という告白と表裏一体です。

この詩篇の中であなたの心に一番深く残ったことばは何ですか。

祈り「私の神よ、感謝します。あなたの恵みはとこしえまで」

272

9月29日――119・1

「幸いなことよ……主のみおしえに歩む人々」

詩篇の中で最も長い119篇は、「主のみおしえ」のすばらしさを証しします。律法によると、主に献げる動物も、動物を献げる祭司も、欠陥のない、全きものでなければなりませんでした。私たちの歩みが主に受け入れられる「全き道」であるためには、「主のみおしえに歩む」ものでなければなりません。そこにこそ幸いがあります。

「主のみおしえに歩む」ということはあなたにとって恵みですか。それとも重荷ですか。

祈り「主よ、あなたの教えに歩む幸いを、私に教えてください」

273

9月30日――119・2～8

「私はあなたのおきてを守ります」

主のおきてを守ると聞くと、あなたの心にはどのような思いが起こるでしょうか。人間には（そして私も）律法を行うことはできないという思いでしょうか。この詩篇は、神のみおしえである律法のうちを歩むことの幸いを繰り返し語っています。主のさとしを守ることは、私たちが心を尽くして主を求めることなのです（2節）。

この箇所に書かれた主のおきてを守ることの幸いを書き出してみましょう。

祈り「主よ、あなたのさとしを守り、心を尽くしてあなたを求める者は幸いです」

詩篇119:1−8

274

10月1日 —— 119・9〜16

「私はあなたのみことばを心に蓄えます」

この詩篇記者は若者だったのでしょうか。主の前に自分の道を清く保つこと（9節）、主の仰せから迷い出ないこと（10節）、罪ある者とならないこと（11節）をひたすら求めています。そのために必要なことは何でしょうか。みことばを心に蓄えることです（11節）。それが心を尽くして主を求める者の姿です（10節）。

みことばを心に蓄えるために、あなたはどんなことができるでしょうか。

祈り「私はみことばを心に蓄えます。主よ、私の心を支配してください」

275

10月2日 —— 119・17〜24

「あなたのおきてに思いを潜めます」

私たちは人のことばに傷つきます。悪意のこもったことばが、頭から離れないことがあります。その時にできることは、意識的に主のみことばに思いを潜めることです（23節）。主のことばこそ、私たちの心に喜びを回復させるものです。主のことばは知恵ある霊的な「助言者」として、私たちを教え、導き、生かします（24節）。

みことばに思いを潜めるために、今日からできることは何ですか。

祈り「主よ、私を、みことばに思いを潜める者としてください」

276

10月3日 —— 119・25〜31

「みことばのとおりに私を強めてください」

「私」のたましいは「ちりに打ち伏して」いて、「悲しみのために溶け去り」そうです（25、28節）。苦しみの原因が具体的にどのようなものであったとしても、「私」が頼りにしたのは主のみおしえでした。苦しみを通ることによって、私たちは主の戒めの道を悟り、主がみことばによって強めてくださることを経験するのです。

今日の箇所であなたの心に一番強く残ったことばは何ですか。

祈り「主よ、みことばのとおりに私を強め、生かしてください」

277

10月4日 ―― 119・32

「私はあなたの仰せの道を走ります」

神のことば（仰せ、戒め）は、私たちを縛って不自由にするものではありません。主が「ここを進め」とおっしゃる恵みの道、真実の道です。映画「炎のランナー」で主人公エリック・リデルが「走るとき、私は神の喜びを感じる」と言ったように、喜び勇んで主の道を走りましょう。そのとき、主は私たちの「心を広くして」くださいます。

主があなたに「走らせよう」としているみことばは何でしょうか。

祈り「主よ、私にも『走る』ことで、あなたの喜びを感じさせてください」

278

10月5日 ―― 119・33～40

「私の心をあなたのさとしに傾かせ」

すなわち、私たちの心が主のことばに向かうのは主の働きによることであり、祈り求めることなのです。これは「私はあなたの戒めを慕っています」（40節）ということばと矛盾するのでしょうか。いいえ。これが御霊が働くときに起こることです。主のことばを慕い求める者の心を、主がさらにみことばへと向けてくださるのです。

「みことばを慕います」と「みことばに傾けてください」。あなたの心はどちらの思いが強いですか。

祈り「主よ、御霊によって、私の心をみことばに傾けてください」

279 10月6日 ―― 119・41～48

「私はあなたの仰せを喜びます」

主のことばを喜ぶということは、それを愛することです。主のことばを愛するということは、主ご自身を愛することです。そこに「口先だけのことば」が入り込む余地はありません。主が語ったことばは必ず実現するのですから。そこに律法主義が入り込む余地もありません。愛する主のことばは私たちのうちに潜む律法主義をしめ出すものですから。みことばに思いを潜めましょう（47～48節）。

あなたは、「私はあなたの仰せを喜びます」と心から言えますか。

祈り「愛する主よ、あなたのことばは私の喜びです」

280 10月7日 ―― 119・49～53

「あなたのみことばは私を生かします」

つまりこの詩篇記者は、主のみことばがなかったら自分は死んでしまうと言っているのです。彼がみことばを待ち望むようにしたのは主ご自身でした（49節）。悩みのときに彼を慰めたのはみことばでした（50節）。ひどく嘲られるときには、みことばにすがりつきました（51節）。みことばがあるところに主がおられるからです。

あなたを生かしているみことばは、どのみことばですか。

祈り「主よ、あなたのみことばこそ悩みのときの私の慰めです」

281 10月8日 ―― 119・54～56

「あなたのおきては……私の歌となりました」

神のおきてが、戒めが、律法が私たちの歌になるなどということは考えられるでしょうか。「おきてや律法なんか歌にならない」と思うでしょう。しかし、神の律法は単なる規則ではなく、私たちを窮屈にするものでもありません。神さまご自身の愛、恵み、聖さ、約束が表されたものです。私たちの心に真の喜びを与えるものです。

54節を五・七・五の俳句に言い換えてみましょう（季語は不要です）。

祈り「戒めに現された主の愛と恵みに、私の目を開いてください」

282

10月9日――119・57～64

「主よ 地はあなたの恵みに満ちています」

私たちは、主の恵みは私に及んでいるのか、と考えてしまいます。しかし主は、ご自分の恵みは地に満ちている、と語ります（64節）。主の恵みが地に満ちていることが、私たちの揺るがない土台です。私たちに必要なことは、すでに満ち満ちている恵みに目が開かれることです。私たちの周りにいる信仰の仲間も主の恵みです（63節）。あなたの周りにどんな主の恵みがあるか、一つ挙げてみましょう。

祈り「主よ、地に満ちているあなたの恵みに、私の目を開いてください」

283

10月10日――119・65～72

「苦しみにあったことは 私にとって幸せでした」

みことばから迷い出たことが、苦しみにあった原因でした（67節）。それが「私」の罪のせいか、あるいは偽りで責め立てる者のことばを受けて（69節）、心がみことばから離れてしまったからかもしれません。しかし、主は私たちが苦しむことを通して、私たちにみことばに込められた恵みの確かさを教えてくださいます（71節）。

あなたにはどんな苦しみがありますか。主はその苦しみを通して、何を語っているでしょうか。

祈り「主よ、苦しみの中でも語り続けるあなたの愛の声に、私の心を開いてください」

284

10月11日――119・73～80

「あなたが真実をもって　私を苦しめられたことを」

私たちが苦しむとき、そこに主の真実が現されます。これは、私たちを苦しめる者は、神がその人を通して働いているのだという安易な結論を認めることではありません。私たちが苦しむときにも、主が真実な方であることに変わりはありません。主もともに苦しんでおられます（イザヤ63・9）。これこそ私たちの慰めです（76節）。

主が真実な方であることを教えられた経験はありますか。一つ挙げてみましょう。

祈り「主よ、私が苦しむとき、あなたの真実を教えてください」

285

10月12日――119・81～88

「たとえ煙の中の皮袋のようになっても」

煙の中で皮袋がいぶされると、しなびて使い物にならなくなります。そのように「私」のたましいは、主のみことばを待ち望んで渇き、絶え入るばかりになっていました。どれほどの苦しみにあっても、主のことばが与えられるなら、それが救いなのです。渇ききった彼のたましいに、最後に残るものは神のことばを慕う思いでした。

あなたが「煙の中の皮袋」のようになったら何が残るでしょうか。

祈り「主よ、私のたましいも、あなたのことばを慕って絶え入るばかりです」

286

10月13日――119・89～96

「もし　あなたのみおしえが私の喜びでなかったら」

主はみことばによって天地を創造し、堅く保っておられます（89～91節）。同じように主のみことばは、「私」の喜びでした。もしそうでなかったら、彼は苦しみの中で滅んでいたでしょう（92節）。まさに私たちを救い、生かすのは主のみことばです（93～94節）。

「もし　あなたのみおしえが私の喜びでなかったら……」。「……」のところに、あなたはどのようなことばを続けますか。

祈り「主よ、あなたのみことばこそ私の喜び、私を生かします」

287

10月14日――119・97～102

「どれほど私は　あなたのみおしえを　愛していることでしょう」

そもそも私たちとみことばの関係は何でしょうか。愛です。みことばを通して、神が私たちをどれほど愛していてくださるかを知ります。主に愛されている者として、私たちも主が語られたみことばを愛します。愛を見失ったとき、私たちは律法主義に陥ります。

あなたは主のみことばを愛していますか。それはなぜですか。

祈り「主よ、私をあなたのみことばを愛する者としてください」

288

10月15日――119・103～104

「蜜よりも私の口に甘いのです」

私たちとみことばの関係は愛です（97節）。律法のことばは私たちを束縛したり、苦しめるものではありません。私たちに対する神の無条件で無制限の愛を示すみことばは、「蜜よりも私の口に甘いのです」。見ているだけでは、蜜の甘さはわかりません。手に着けばべとつきます。蜜の甘さが分かるのは、実際に味わった時です。

あなたにとってみことばはどんな味ですか。それはなぜでしょう。

祈り「蜜よりも甘い主のみことばを、私に堪能させてくださ い」

289

10月16日——119・105～112

「あなたのみことばは 私の足のともしび」

真っ暗闇を経験したことがありますか。沖縄のガマの中は真っ暗闇でした。何も見えない闇では小さな懐中電灯が頼りでした。みことばは私たちが進むべき道を照らすともしびです。全行程は分からないとしても、次の一歩を確実に示します。これこそが「道であり、真理であり、いのち」であるイエスさまに従う歩みです（ヨハネ14・6）。

主のみことばがあなたに示している「次の一歩」は何でしょうか。

祈り「主よ、みことばの光で私の道の闇を照らしてください」

290

10月17日——119・113～120

「悪を行う者どもよ 私から遠ざかれ」

私に悪を行う者がいるのは私に落ち度があるからだ、と私たちは考えてしまうことがあります。しかし、みことばが教えることは違います。悪が自分から遠ざかることを祈っています。そして、私の心と思いをひたすら主の仰せを守ることに向けます（115節。マタイ6・13参照）。主はみことばを守る者を守ってくださいます。

「私がこんな経験をしたのは、私の罪のせいだ」と思っていることがありますか。

祈り「主よ、みことばによって、私を悪からお救いください」

291

10月18日——119・121～128

「今こそ主が事をなさる時です」

主に対するこの訴えのことばを見るとき、「119

篇はみことばの大切さを教えている詩篇ですよね」という表面的なことばでは片づけられない状況が明らかになります。「私」は主の教えを破る者たちに虐げられていました（121、122、126節）。このような試練を経験すればするほど、「幸いの保証人」である主のことばを慕い求めたのです。「今こそ主が事をなさる時です」と思っていることは何ですか。

祈り「幸いの保証人である主よ、今こそあなたが事をなさる時です」

292

10月19日 ―― 119・129～134

「みことばの戸が開くと 光が差し」

雨戸を開けると、差し込む日差しのまぶしさに驚きます。同様に、主のみことばの戸が開くと、今まで闇の中にいた私たちに主の光が差します。浅はかな者に知恵を与え、主の道を示し、みこころを教え、主の愛と恵みに囲まれていることに私たちの目を開きます。「みことばの戸」が開くために、あなたに必要なことは何でしょうか。

祈り「主よ、みことばの戸を開き、あなたの光で私を照らしてください」

293

10月20日 ―― 119・135～136

「私の目から涙がとめどなく流れ落ちます」

なぜ「私」はそれほどまでに泣いたのでしょうか。彼を虐げる者の仕打ちがそれほどひどかったのでしょうか。136節から分かることは、彼らが主のみおしえを守らなかったからでした。私の愛する主のことばがないがしろにされることは、主ご自身がないがしろにされ、辱められることです。そのとき私たちのたましいは痛みます。

あなたは最近、どんなことで涙を流しましたか。

祈り「主よ、あなたのことばがないがしろにされるとき、私は耐えられません」

294

10月21日 ―― 119・137～144

「あなたのさとしは 永遠に義です」

主のみことばの豊かさは、汲んでも汲み尽くすことができません。みことばは私たちの心を励まし、主の愛と恵みで満たします。併せて忘れてはならないことは、みことばが主の義を表していることです。パウロが「福音には神の義が啓示されてい」ると語るとおりです（ローマ1・17）。神の義は私たちを生かします（144節）。

主のみことばは義である、と聞いてどんなことを思いましたか。

祈り「主よ、あなたの義なるみことばによって私を悟らせ、生かしてください」

295

10月22日 ―― 119・145～152

「私は心を尽くして呼び求めます」

この箇所で、「私」は心から主との交わりを求めています。「私」はこう言っているかのようです。「主よ、私は心の底からあなたと交わることを求めています。夜明け前から、あなたに呼び求めています。あなたのおきても守っています。あなたが私に直接語りかけてくださる御声を聞くために、まだ何か欠けているのでしょうか」。実際に主の語りかけを聞くこと以外に、彼の心の渇きを満たすものはなかったのです。

あなたは主との交わりをどのように求めていますか。

祈り「主よ、私の声を聞き、私に語りかけるあなたの御声を聞かせてください」

296

10月23日 ―― 119・153～160

「主よ あなたの恵みによって」

主との交わりを慕い求める「私」は、主が自分の苦しみをご覧になり、助け出してくださるように訴えます（153節）。主はどう答えたでしょうか。

苦しみを通して、彼が主を慕い求める思いをますます強くしました。それゆえ彼は、主の恵みがなければ自分は生きることができないということを教えられました（159節）。

主の恵みによって生きるとはどういうことだと思いますか。

祈り「主よ、あなたの恵みによって、私を生かしてください」

297 10月24日――119・161～168

「あなたのみおしえを愛する者には　豊かな平安があり　つまずきがありません」

私たちは平安（シャローム）を求め、つまずきを避けたいと思います。秘訣は何でしょうか。主のみおしえを愛することです。119篇は主のみおしえを愛するということの大切さを一貫して証ししてきました。主のみおしえを愛するということは主ご自身を愛することだからです。主のみことばを愛することで、主を愛しましょう。

あなたが主のみことばを愛することを妨げているものは、何でしょうか。

祈り「御霊によって、私をみことばを愛する者としてください」

298 10月25日――119・169～172

「私の唇に　賛美が湧きあふれるようにしてください」

「私」は切なる願いが御前に届き、みことばのとおりに救いを経験することを祈りました（170節）。その結果はどうなったでしょうか。彼の心は主への賛美が湧きあふれるようにという思いへと導かれました。これが彼の祈りに対する主の答えです。私たちが経験するすべてのことは、主の御手の中で賛美へと変えられるのです。

「これも主は賛美へと変えられるのか」とあなたが思っている事柄がありますか。

祈り「すべてのことがともに働いて益となる。主はほむべきかな」

299

10月26日 —— 119・173〜176

「私は 滅びる羊のようにさまよっています」

最後に「私」はこのときの自己理解を語ります。「私は 滅びる羊のようにさまよっています」（176節）。羊は一匹でさまよえば死んでしまいます。だから羊飼いが探し出して、救わなければなりません。もしかしたら「私」は主の救いの力を確信しつつも、その救いが完全に実現した実感がなかったのかもしれません。そんな中で彼にできることは、主のことばを忘れず、しがみつくことでした。

あなたが「滅びる羊のようにさまよっている」と思うときがありますか。

祈り「主よ、私はさまよう羊です。それでも私はみことばを忘れません」

300

10月27日 —— 120篇

「ああ 嘆かわしいこの身よ」

もしあなたがクリスチャンの一人もいない（そして連絡も取れない）土地で長い間生活しなければならないとしたら、どんな思いになるでしょうか。この詩篇はそのような状況で、神の都エルサレムを夢見て書かれたのかもしれません。主の平和を求めても、戦いと欺きと偽りしかない中で、「私」はひたすら主を呼び求めました。

あなたの周りに（そしてあなたの心に）、どのような偽りや欺きがあるでしょうか。

祈り「主よ、争いと欺きと偽りの中でも、私を支えてください」

301

10月28日 —— 121篇

「主はあなたを守る方」

主はわざわいから守ってくださる方である、と

「私」はこの詩篇全体を通して賛美しています。しかし、1節から読み取れる「私」の状況は決して平穏ではなかったでしょう。彼は苦境にあってもなお、自分の助け手、イスラエルを守る方として主を信頼し続けています。主は試練の時に脱出の道を備えてくださる方です。苦境にある時こそ、主に向かって目を上げましょう。

あなたは、主がわざわいから守ってくださったという経験がありますか。

祈り「主よ、私はあなたに目を上げます。私をわざわいから守ってください」

302

10月29日 ―― 122・1～5

「**さあ 主の家に行こう**」

人々が偽り、欺き、戦いを挑んでくるとき、私たちは嘆きます（120篇）。しかし、「さあ 主の家に行こう」と互いに語り主のもとに行くとき、私たちの心は喜びに満たされます（1節）。「**主**の御名に感謝するために」、主のもとに集まって来ること、これが「イスラエルである証し」、神のものとされた民の証しなのです（4節）。

クリスチャンにとって、神の民である証しとは何でしょうか。

祈り「主よ、あなたの家、あなたのみもとに行く喜びで私を満たしてください」

303

10月30日 ―― 122・6～9

「**エルサレムの平和のために祈れ**」

エルサレムを目指し、そこに住む者は、エルサレムの平和のために祈る者とされます。「ダビデは王だから、エルサレムと主の家のために祈るのは当然だ」ということでしょうか。いいえ。ダビデ自身が主の家を愛する民に励まされて、その民の平和を祈る力を得たのです。主の家を愛する王と民の心が祈りとして一つになったのです。

私たちはだれ（どこ）の平和のために祈ったら

いいのでしょうか。エルサレム、自分の教会、自分の町のためでしょうか。

祈り「主よ、私はあなたの民に平和と平安があるように祈ります」

304

10月31日 ―― 123篇

「仕える女の目が女主人の手に向けられるように」

しもべの目が主人の手に向けられるのは当然です。命令も、施しも、罰もすべてそこから来るからです。「私」は主に目を上げて、主の御手があわれみを下さるのを乞い求めています。なぜでしょうか。嘲り蔑む者たちの責めで、彼が苦しんでいたからです。苦しみにあうとき、私たちの目を苦しみ自体ではなく、主に向けましょう。

主はあなたに対してどのように「手」を動かしているでしょうか。

祈り「主よ、私はあなたがあわれんでくださるまで、あなたに向かって目を上げます」

305

11月1日 ――― 124篇

「**もしも 主が私たちの味方でなかったなら**」

ダビデの生涯では、敵対する人々の敵意はすさまじいものでした。もし主が味方でなかったなら、彼はたちまち滅んでいたことでしょう。ダビデが燃え上がる敵意を受けても滅びなかったのは、主が彼の味方だったことの証拠です。私たちの正しさではなく、主の愛とあわれみのゆえに、主は私たちの味方であり続けてくださいます。

「主が私たちの味方であるなら……」。「……」に何と続けますか。

祈り「神が私たちの味方であるなら、だれが私たちに敵対できるでしょう」（ローマ8・31）

306

11月2日 ――― 125篇

「**主に信頼する人々はシオンの山のようだ**」

揺らぐことのない心と人生を持つための秘訣は何でしょうか。主に信頼することです（1節）。エルサレムを山々が取り囲んでいるように、主はご自分に信頼する者を囲んでくださいます。それでは、主は今日の私たちのことも取り囲んで守ってくださるのでしょうか。そうです。この約束にとどまることが、主に信頼することなのです。

今あなたの心と人生は揺らいでいますか。それはなぜでしょうか。

祈り「主よ、あなたに信頼する者は、シオンの山のように揺らぎません」

307

11月3日 ――― 126・1～3

「**主がシオンを復興してくださったとき**」

なんと喜びと慰めに満ちたことばでしょう。破壊されたシオンを主が復興してくださるとは、バビロン捕囚後の民の帰還のことを言っているのでしょうか。「この状況から回復するのは、主が直接介入してくださる以外には不可能だ」と思うことがあります。それを主はイスラエルに行いました。この復興の喜びこそ私たちの希望です。

主があなたの生活・人生で行おうとしている「復興」は何でしょうか。

祈り「主の復興の力によって、私の心を喜びで満たしてください」

308

11月4日 —— 126・4〜6

「涙とともに種を蒔く者は　喜び叫びながら刈り取る」


主がご自分の民を必ず顧みてくださると確信していても、地上にいる間、私たちの目から涙が取り去られることはありません。その時に忘れてはならないことは、種を蒔き続けることです。試練は私たちを押しつぶそうとします。それでも種を蒔くとは、回復の主がやがて豊かな実りを与えてくださることを信じている証しなのです。

涙とともに種を蒔いていますか。どんな刈り取りがあるでしょうか。

祈り「主よ、私が涙とともに種を蒔くとき、喜び叫びながら刈り取る希望で満たしてください」

309

11月5日 —— 127・1〜2

「主が家を建てるのでなければ　建てる者の働きはむなしい」


どんなに犠牲を払っても、主が家を建ててくださるのでなければ、その働きは空しいとこの詩篇は語ります。努力することは無駄なのでしょうか。そうではありません。主が成し遂げてくださることを見失ってはならないということです。主の働きを確信する者は、寝る暇を惜しむのではなく、主の愛に抱かれて、安心して眠るのです。

最近寝る暇を惜しんでいますか。それとも安心して眠っていますか。

祈り「主よ、私をあなたの愛のうちに憩う者としてください」

310
11月6日 ―― 127・3～5

「**見よ 子どもたちは主の賜物**」

子どもたちは主の賜物であり、家庭、社会、国、世界、そして教会の未来です。子どもがいなければ、未来もありません。私たちは労苦して働き、生活しています（2節）。しかし、主が備えてくださるものは、労苦とは全く次元の違うもの、「子どもたち」を与えてくださいます。すなわち、主はいのちを与え、人を与えてくださいます。

あなたは子どもたち（自分の子ども／身近な子ども）との関係で、何か見直す必要がありますか。

祈り「主よ、あなたの賜物である子どもを大切にすることを、私に教えてください」

311
11月7日 ―― 128篇

「**主を恐れ 主の道を歩むすべての人は**」

もちろん労苦した実を得ることは主の恵みです（2節）。しかし忘れてはならないのは、主を恐れ、主の道を歩むことにこそ、主の祝福があることです（1節）。私たちが主を恐れ、主の道を歩むことによってエルサレムが（そして教会が）主の祝福に満たされ、またエルサレム（そして教会）を通して、私たちも祝福されるのです。

あなたが主を恐れ、主の道を歩むことの祝福は、あなただけにとどまりません。だれにとっての祝福になるでしょうか。

祈り「幸いなことよ **主**を恐れ 主の道を歩むすべての人は」

312
11月8日 ―― 129篇

「**主は……悪しき者の綱を断ち切られた**」

私を苦しめた、私を苦しめた……（1～2節）。なぜ詩篇にはこんなにも苦しみを歌った詩が多いのでしょうか。私たちの人生で苦しみは現実の力だからです。そして主は苦しみの中でも私たちとともにいて、私たちの救いとなってくださるからです。私たちの心やからだや生活を縛りつける「綱」を断ち切ってくださる方は、主です。
あなたを縛りつけて不自由にしているものは、何ですか。
祈り「愛と正義の主よ、私を束縛する力から解放してください」

313
11月9日——130・1〜4
「主よ 深い淵から私はあなたを呼び求めます」

特に自分の罪の問題で悩み苦しむときの祈りが、この詩篇です。自分の罪に押しつぶされるときは、深い淵の底にいるような状態です。「こんな罪を犯す私は神の御前に出られない。神が赦してくださるはずがない」。主の御前に立てないことをよく知っている「私」にできることは、主に呼び求め、主の赦しの深さにすがることでした。
あなたはこの詩篇のどのことばに一番心惹かれましたか。それはなぜでしょうか。
祈り「主よ、私の叫びを聞いてください。私が深い淵に沈まないように」

314
11月10日——130・5〜6
「夜回りが夜明けを待つのにまさって」

「私」は深い淵から、罪の赦しを求めて、主を待ち望んでいます。彼にとって、主を待ち望むということは、主のことばを待つということでした。なぜなら、主がそこにおられるということは、主のことばがあるということです。主のことばがあるということは、主がそこにおられるということなのです。
夜回りが夜明けを待つ——あなたはそのような気持ちになる時がありますか。
祈り「主よ、私は夜回りが夜明けを待つように、あなたのことばを待ち望みます」

315

11月11日 ―― 130・7〜8

「イスラエルよ 主を待て」

それでは、主を待つとは実際にどうすることでしょうか。イスラエルに、すなわち信仰を同じくする者たちに「**主**を待て」と呼びかけることです。「**主**には恵みがあり　豊かな贖いがある」と呼びかけることです（7節）。主を待ち望む者たちは、主の恵みと贖いが与えられることを期待して、ともに励まし合うのです。

あなたの教会の中で「**主**には恵みがあり　豊かな贖いがある」という励ましのことばを必要としている人は、だれでしょうか。

祈り「豊かな恵みと贖いの主よ、私はあなたを待ち望みます」

316

11月12日 ―― 131篇

「私の心はおごらず　私の目は高ぶりません」

私たちは、人知を超えたことに関して、自分で答えを出さなければいけないと思ってしまうことがあります。そのようなとき、私たちの心には高慢が潜んでいるのかもしれません。自分には理解し得ないことがあるということを認めて、子どものようにへりくだり、たましいを静め、主を待ち望みましょう。

あなたにとって、「及びもつかない大きなことや奇しいこと」とはどのようなことですか。

祈り「主よ、私には理解し得ないことを、あなたにゆだねます」

317

11月13日 ―― 132・1〜10

「さあ 主の住まいに行き」

この詩篇は、ダビデが主の宮を建てようとした熱意とそれに伴う労苦を思い出させます。エルサレムに運び入れた神の臨在を現す神の箱を安置するための神の宮。しかし、神の宮を建てたのはダビデの子ソロモンでした。
イエスさまも「多くの苦しみを通して」(ヘブル2・10)、私たちを栄光に導いてくださいました。主はあなたを苦しみを通して主のご臨在に導いていていないでしょうか。

祈り「主よ、苦しみの中でも、私をあなたのご臨在に導いてください」

318

11月14日 ―― 132・11〜18

「それは 主が取り消すことのない真実」

ダビデの王位が続き、主がシオンを住まいとされるのは、私たちの忠実さによるのではありません(もちろん忠実さは大切ですが)。主がそれを望み、ご自分が約束したことを取り消すことがないからです。「主が取り消すことのない真実」から目を離さないようにしましょう。
あなたが見失ってはならない「主が取り消すことのない真実」は何でしょうか。

祈り「『主が取り消すことのない真実』こそが私の拠り所、希望です」

319

11月15日 ―― 133篇

「見よ。なんという幸せ なんという楽しさだろう」

兄弟たちが、姉妹たちが、家族が、クリスチャンたちがこのように一つになって生きる、こんな理想的なところはどこにあるのだろうと思うかもしれません。そのとおり。この詩篇は一致のないときに、私たちの心に一致への渇きと祈りを呼び起こすものです。そしてこのような一致があるときには、神への感謝と喜びを与えるものです。
このように一つになることをあなたが願っている「場」は、どこですか。

祈り「三位一体の神よ、あなたの一致を私たちに与えてください」

320

11月16日 ―― 134篇

「さあ 主をほめたたえよ」

一連の都上りの歌の最後は、「**主**をほめたたえよ」という賛美への誘いです。私たちが考えなければならないこと、しなければならないこと、思い悩むことはたくさんあります。どれも重みがあるものです。しかし、この詩篇は「必要なことは一つだけです」（ルカ10・42）というイエスさまの御思いに私たちの心を導き入れます。それは賛美です。

あなたからの賛美への呼びかけを必要としている人はだれでしょうか。

祈り「さあ、主をほめたたえよ。主から祝福があるように」

321

11月17日 ―― 135・1〜4

「主は……イスラエルを ご自分の宝として選ばれた」

なぜ主の御名をほめ歌うのでしょうか。その御名が麗しいからです。なぜ御名は麗しいのでしょうか。主が一方的にイスラエルを愛し、「ご自分の宝」として選ばれたからです。主は私たちのことも、キリストによって「ご自分の子にしようと、愛をもってあらかじめ定めておられ」たのです（エペソ1・5）。主の御名はほむべきかな。

主の宝とされた者として生きるとは、どういう生き方でしょうか。

祈り「主よ、私があなたの宝とされていることを、私によく分からせてください」

322

11月18日 ―― 135・5〜7

「主は望むところをことごとく行われる」

主はみこころをことごとく、しかもあらゆるところで行われます（6節）。私たちは「神が愛で全能者なら、なぜこのようなことが起こるのか」

と思い悩みます。この問いには答えが与えられないかもしれません。忘れてはならないことは、それでも「**主**は望むところをことごとく行われる」という真理は揺るがないということです。

「**主**は望むところをことごとく行われる」と聞いてどう思いましたか。

祈り「主よ、あなたは大いなる方、望むところをことごとく行われる方です」

323

11月19日 ── 135・8〜14

「主よ あなたの呼び名は代々に至ります」

主が大いなる方であることが、出エジプトとカナン征服の出来事を通して語られます。主はファラオよりも強く、カナンの王たちを打ち負かしました。誤解しないように。主は常に私たちに大成功と大勝利を与えてくださるとは限りません。出エジプトとカナン征服が主の望むことだったので、イスラエルは主の勝利にあずかったのです。

あなたが成功したい、達成したいと願っていることは何ですか。

祈り「主よ、出エジプトとカナン征服は主の御思いの現れです」

324

11月20日 ── 135・15〜18

「異邦の民の偶像は銀や金」

私たちは金や銀を見ると、「すごいなあ。何円するかなあ」と勘定します。しかし、主の偉大さはそのようなものではありません。偶像にいのちはありません。「私たちの主はお語りになり、すべてを見ておられ、お聞きになり、その息にはいのちがある」と言わなければなりません。心の底から「主は生ける神」と賛美しましょう。

「主は生ける神」と実感するために何があなたに欠けているでしょうか。

祈り「主よ、あなたが生ける神であることを、私に実感させてください」

325

11月21日 ―― 135・19～21

「主を恐れる者たちよ 主をほめたたえよ」

この詩篇が証しするすべてのことを思って、主を賛美しましょう。主はイスラエルを（そして私たちを）「ご自分の宝」として選び、「望むところをことごとく」行い、エジプトとカナンで奇しいみわざを行った方、偶像とは異なる生ける神です。この主が今もとこしえまでも変わらない方であることを覚えて、主を賛美しましょう。

この詩篇を読み返し、特に心に留まることで主を賛美しましょう。

祈り「主を恐れる者たちよ、主をほめたたえよ。ハレルヤ」

326

11月22日 ―― 136・1～9

「主の恵みはとこしえまで」

「主の恵みはとこしえまで」とは、ご自分の民と結ばれた契約に主はどこまでも忠実であられるということです。主の恵みがとこしえであるとは、過去、現在、未来に至るまで変わることがないという時間的な広がりだけではなく、私たちの生活のすべての領域にまで及んでいるということです。すべては主の恵みによるのです。

「主の恵みはとこしえまで」ということが、今日の（あるいは昨日の）一日でどのように実現しているか、注意して見てみましょう。

祈り「主に感謝せよ。主はまことにいつくしみ深い。主の恵みはとこしえまで」

327

11月23日 ―― 136・10～22

「荒野で御民を導かれた方に感謝せよ」

イスラエルをエジプトから導き出したのも、荒野を導き約束の地にまで導き入れたのも、すべて主の恵みによるわざでした。かつての主のわざは私たちに関係あるのでしょうか。あります。イスラエルを救い導いた主は、今日も私たちを救い導いてくださいます。そうでなければ「主の恵みはとこしえまで」でなくなってしまいます。「主は確かに私を導かれた」という経験を一つ挙げてみましょう。

祈り「荒野で御民を導かれた主よ、私のことも導いてください」

328

11月24日――136・23〜26

「私たちが卑しめられたとき……」

「……主は心に留められた」。「主の恵みはとこしえまで」ということは、私たちが卑しめられるときに、主のことを、特に私たちが経験するすべてのことを、主がそれを心に留めてくださるということです（23節）。主が心に留めてくださるということは、主がそこにおられ、最善の方法で、愛と知恵をもって、対処してくださるということです。

あなたが主に心に留めてほしいと思っていることとは何ですか。

祈り「主よ、私が卑しめられたとき、あなたは私を心に留めてくださいます」

329

11月25日――137・1〜6

「余興に『シオンの歌を一つ歌え』と言ったからだ」

私たちはいつでも、どこにいても主を賛美する者です。主の栄光は全地に満ちています。しかし、主への賛美が「余興」に使われることには耐えられません。異郷の地バビロンにあっても、神の都エルサレムを思って主を賛美する思いに何の変わりもありません。しかし、主への賛美を余興に歌うことはできませんでした。

この詩篇から私たちの賛美する態度について、どんなことを教えられますか。

祈り「主よ、あなたを賛美することで、私に至上の喜びを与えてください」

330 11月26日 ―― 137・7〜9

「主よ 思い出してください」

明確に復讐のことばが書かれています。このような復讐のことばが詩篇に（つまり聖書に）含まれていることは、ふさわしくないのではないでしょうか。私たちは敵をも愛さなければならないのではないでしょうか（マタイ5・44）。一つ確かなことは、このような復讐の祈りにも主は耳を傾けてくださることです。復讐は主のものです。

7〜9節の復讐の祈りを読んで、どんなことを思いましたか。

祈り「主よ、あなたは私の苦しみをご存じです。復讐に向かう私の心をお受けください。復讐は主のものです。そして私を復讐心から解放してください」

331 11月27日 ―― 138・1〜3

「心を尽くして」

私たちの心に力が与えられる秘訣は何でしょうか。「心を尽くして」主に感謝し、ほめ歌を歌うことです（1節）。私たちの心が主以外のものによって惑わされてしまわないために、心のすべてを主に向けることです。これは意志の強さによるのでしょうか。いいえ。主の恵みとまことを覚えることで、私たちの心は強められるのです。

心を尽くして主に感謝するために、できることを一つ考えましょう。

祈り「主よ、心を尽くしてあなたに感謝することを、私に教えてください」

332 11月28日 ―― 138・4〜6

「主よ　地のすべての王は」

「心を尽くして」（1節）主に感謝するというとき、

一つ忘れてはならないことがあります。主への賛美と感謝は、私個人にとどまらず、神の民、「地のすべての王」（4節）、そして全地に及ぶということです。主の栄光は高く大きいものですが、私たちのような低い者、小さい者を顧み、全被造物による賛美へと向かわせるものです。

「地のすべての王」が主に感謝する様を想像してみましょう。どんな気づきがありましたか。

祈り「主よ、全地があなたをほめたたえる賛美に私をあずからせてください」

333

11月29日 ―― 138・7〜8

「主よ あなたの恵みはとこしえにあります」

私が苦しみの中を歩いても、主が私を生かしてくださる。主の右の手が私を敵から救ってくださる。主は私のためにすべてを成し遂げてくださる。主の恵みはとこしえにある。なんという恵みのことばが続いているのでしょうか。これだけの主の恵みを受けたら、主に感謝し賛美するしかありません。

7〜8節の中で、あなたはどのことばが一番心に残りましたか。

祈り「恵みの主よ、私のためにすべてを成し遂げてください」

334

11月30日 ―― 139・1〜6

「主よ あなたは私を探り 知っておられます」

「神が私のことを心に留めてくださるなんて、本当だろうか」という私たちの疑いを打ち消すかのように、主が私たちを探り、知っておられることをこの詩篇は高らかに歌います。主は私たちの生活も、行いも、思いもすべてご存じです。

神があなたのすべてを知っているということは、あなたにとって喜びですか。それとも恐れですか。なぜそう感じるのでしょうか。

祈り「主よ、あなたが私のすべてを知ってお られることは不思議な恵みです」

335

12月1日 ―― 139・7～12

「どこへ逃れられるでしょう」

「神さまから逃げたい（隠れたい）」と思うことがあるでしょうか。ヨナのように。しかし、それは不可能です。神から逃れるためにどこに行っても、神はそこにいます。言い換えると、「神さまはどこにおられるのか」と落胆するときにも、神はそこにおられるのです。

神から逃れようとしても（神はどこにいるのかと思っても）、神はそこにおられます。このことを聞いて、どんな感情が浮かびますか。

祈り「インマヌエルの主よ、あなたのご臨在を私に現してください」

336

12月2日 ―― 139・13～18

「私が目覚めるとき」

なぜ神は私たちのことを心に留め、私たちは神から逃れられないのでしょうか。それは私たちを母の胎の中で造ったのは神ご自身だからです。神はご自分が造った者をよくご存じで、最後まで決して見放すことなく愛し抜いてくださいます。その神の御思いを私たちは知り尽くすことができません。毎朝目覚めるときに、この恵みを覚えましょう。

あなたは朝起きるとき、どんな気分が多いですか。

祈り「主よ、朝ごとに新しい主の恵みで、私を満たしてください」

337

12月3日 ―― 139・19～24

「神よ 私を探り 私の心を知ってください」

ダビデは極限まで正直になっています。「自分のうちに憎しみの感情があってはならない」とは考えず、それを神の前に正直に差し出しています。この姿勢から二つのことを学びましょう。第一に、憎しみを相手に向けるのではなく、すべて主に差し出していること。第二に、憎しみを持つ自分の心を主にゆだね、主に導いてもらうことです。

あなたはこの箇所を読みながらだれを（何を）思い出しましたか。

祈り「主よ、私を探り、私の心と思い煩いを知ってください」

338

12月4日 —— 140・1〜5

「主よ 悪しき者の手から私を守り」


ダビデは彼に悪を行う者の手から守られるように、主に祈ります。それでは、私たちに悪を行う者とはだれ（何）でしょうか。第一に、私たちに悪意を持っている人。第二に、今の時代の悪。私たちに個人的な悪意を抱いていなくても、私たちを悪の犠牲者にする人たちです。第三に、これら悪を行う者の背後にいるサタンです。

あなたは悪の力を感じますか。どのような対処が必要でしょうか。

祈り「神よ、あなたのすべての武具によって、私を悪からお救いください」

339

12月5日 —— 140・6〜8

「あなたは私が武器を取る日に……」


「……私の頭をおおってくださいました」（7節）。主が「私の神」、「私の主」、「私の救いの力」であることを心でしっかりと受け止めた上で、悪と戦わなければなりません。主の御前で自分の手のわざをやめることが必要な場合があります。しかし、戦いの時もあるのです。「この戦いは**主**の戦いだ」（Iサムエル17・47）と確信して（その際、自己義認や正当化は避けなければなりませんが）。

あなたが戦わなければならない「主の戦い」は何でしょうか。

祈り「私の主よ、戦いの時に私をあなたの救いの力でお守りください」

340 12月6日――140・9～13

「主が苦しむ者の訴えを支持し」

9～11節のことばを言い換えると、「私が受けた呪いを、彼ら自身が受けますように」ということになるでしょう。私たちも同じように祈るべきでしょうか。主イエスさまを覚えましょう。主は苦しむ私たちの訴えを支持し、正しいさばきを行ってくださいます。その主は、「父よ、彼らをお赦しください」（ルカ23・34）と祈りました。

あなたは、主から支持を受け、正しいさばきをしてほしい訴えがありますか。

祈り「主よ、私が苦しみの中から訴えるとき、私を支持してください」

341 12月7日――141・1～2

「私の祈りが 御前への香として」

会見の天幕の中のあかしの箱の前には、聖なる香が備えられました（出エジプト30・35～36）。神に喜ばれ、受け入れられるためです。「なんとしても、主にすぐに助けてほしい。主が私の祈りを喜んでくださるなら、すぐに答えてくださるだろう」という思いを表しています。祈りが主に受け入れられることは、主の恵みです。

神に喜ばれ受け入れられる祈りとは、どのような祈りでしょうか。

祈り「主よ、私の祈りは香のようではありません。あなたの恵みが頼りです」

342 12月8日――141・3～4

「主よ 私の口に見張りを置き」

しかし、ダビデは自分の力で祈りを御前への香とすることができないことを知っていました。祈りを主に喜ばれ、受け入れられるものとすることができるのは、主ご自身です。だからダビデは、彼の口から出て来ることばを吟味する「見張り」

を主に求めています（3節）。さらに、彼の心が悪から守られることも祈り求めています（4節）。

あなたの口に見張りを置くためにどんなことができるでしょうか。

祈り「主よ、私の口を見張り、私の心を悪から守ってください」

343 12月9日 —— 141・5〜7

「正しい人が真実の愛をもって私を打ち」

私たちは人から注意されることを好みません。しかし、人からの忠告に心を開き、大切にする人は、豊かないのちを得ます（箴言10・17、12・1）。私たちに真実の愛をもって厳しいことを言ってくれる人ほど、大切な友はいません。「人はその友によって研がれる」のです（箴言27・17）。神は人の口を通して私たちに語ります。

あなたが受けた「厳しいけど愛あることば」を思い出しましょう。

祈り「主よ、人が真実の愛をもって私に厳しいことを言うとき、私に謙遜な心を与えてください」

344 12月10日 —— 141・8〜10

「まことに 私の目はあなたに向いています」

見えない神さまに目を向けるとは、どういうことでしょうか。それは主を目の前におられる方として呼び求めることであり（1節）、主に頼って身を避けることです（8節）。必死に主の助けと守りを求めたダビデの心は、主の御手のわざを一刻も早く見たい、経験したいという渇きとなりました。

あなたにとって、「主に目を向ける」とは、どうすることですか。

祈り「私の主、神よ、まことに私の目はあなたに向いています」

345 12月11日 ―― 142・1～4

「私には 顧みてくれる人がいません」

孤独、孤立によって私たちの心は衰え果てます。そんなときに「御前に自分の嘆きを注ぎ出」すことなどできるのでしょうか（2節）。私たちの祈りは独り言ではありません。自分との対話でもありません。内住の御霊が、どう祈ったらいいのか分からない私たちをとりなし、御父への祈りを導いてくださいます（ローマ8・15～16）。

今あなたの周りに、「私には顧みてくれる人がいません」と思っている人はいないでしょうか。

祈り「私を顧みてくださる主よ、私を、ほかの人に心を注ぐ者としてください」

346 12月12日 ―― 142・5～7

「主よ 私はあなたに叫びます」

あなたは主に叫んでいますか。主の前に叫ばないではいられないほど重要なこと、切迫していることを、実際に主に叫んでいるでしょうか。ダビデはこのように主に叫ぶことによって、主ご自身が彼の「避け所」であり「受ける分」であることを実感したのです（5節）。

あなたが一番最近主に叫んだのはいつ、何についてでしたか。

祈り「避け所なる主よ、あなたの救いなしに私は生きられません」

347 12月13日 ―― 143・1～6

「あなたの御手のわざを静かに考えています」

私たちの心は弱いものです。だれかに責められ続けたり、つらい経験をし続けていると、私たちの心は衰え果て、荒れすさんでいきます（4節）。どうしたらいいのでしょうか。主が確かにともに歩んでくださった昔の日々を思い起こし、主のすべてのみわざを思い巡らし、主の御手のわざを静かに考えることです（5節）。神が一度でも行ったわざは、永遠に有効なものだからです。

主の御手のわざを二つ以上思い出し、静かに思い巡らしましょう。

祈り「主よ、あなたの真実と義は、昔も、今も、とこしえに変わりません」

348 12月14日 ―― 143・7～12

「主よ 早く私に答えてください……」

「……私の霊は滅びてしまいます」（7節）。言い換えるとダビデは、「神が今助けてくれなければ、私は死んでしまう」と言っているのです。神の御顔が見られなければ（7節）、神の恵みが実感できなければ、行くべき道を主が知らせてくれなければ（8節）、彼は文字どおり生きていけなかったのです。主の義と恵みにすがりました。

あなたの祈りの中に、主が答えてくださらないものがありますか。

祈り「主よ、あなたの義と恵みが見られなければ、私は死んでしまいます」

349 12月15日 ―― 144・1～4

「戦のために私の指を鍛えられる方が」

私たちは戦わなければならないときがあります。自分のためではなく、主のために、主の民のために。私たちは主の守りをどうしたら経験できるでしょうか。主の戦いを戦うことによってです。主が私たちの砦、やぐらであるということは、私たちは何もしないでいいということではなく、主のために、主とともに戦うということです。

あなたは主のために、何と戦う必要があるでしょうか。

祈り「私の砦である主よ、これは主の戦いです。ともに戦ってください」

350

12月16日 ―― 144・5～8

「いと高き所からあなたの御手を伸べ」

ダビデは主が「天を押し曲げて降りて来てくださ」ることを祈り求めています（5節）。つまり、本当に主が介入してくださることを信じ、待ち望んでいます。主の介入はいつも稲妻のようであるとは限りません（6節）。主の介入の方法は、主がお決めになるものです。主の御手のわざに、私たちの目が開かれるように祈りましょう。

あなたの周りで主が御手を伸ばしておられないか、見回してみましょう。

祈り「主よ、あなたの御手を私に伸ばしてください」

351

12月17日 ―― 144・9～11

「神よ あなたに私は新しい歌を歌い」

私たちは悪を行う者に対する神のさばきを願います。しかし、私たちの心は復讐やさばきに満たされる場ではなく、主への賛美に満たされる場なのです。主は私たちの賛美の中におられ、主を賛美することで私たちの心は力と喜びに満たされるからです。私たちは主を賛美することなしに、主のみわざを覚えることはできません。

今、主をほめたたえる歌を一曲歌い、主を賛美しましょう。

祈り「神よ、あなたに私は新しい歌を歌い、ほめ歌を歌います」

352

12月18日 ―― 144・12～15

「幸いなことよ このようになる民は」

私たちに与えられる子どもたちは、神の祝福であり賜物です（詩篇127・3）。大地の収穫も日ごとの糧も、主の祝福であり賜物です。地上では困難と苦しみがあります。その中でも、私たちの主が与えてくださっている小さな（あるいは大きな）

祝福に目を留めましょう。そして、新しい天と地に主が残しておられる祝福を期待しましょう。
主はあなたを通して、だれかに祝福を届けようとしておられることがないでしょうか。祈りの中で探ってみましょう。
祈り「幸いなことよ。主を自らの神とし、祝福を経験する民は」

353

12月19日 ――― 145・1～3

「世々限りなく」「日ごとに」

「**主**は大いなる方。大いに賛美されるべき方。その偉大さは 測り知ることもできません」（3節）。それでは、私たちは測り知れない偉大な主をどのように賛美したらいいのでしょうか。「世々限りなく」、そして「日ごとに」です。神への日ごとの賛美が日曜の礼拝での賛美につながり、日曜の礼拝は世々限りなく続く賛美に連なるのです。「日ごとに」神を賛美するために、どんな工夫が必要でしょうか。
祈り「大いなる主よ、あなたを日ごとに、世々限りなく賛美します」

354

12月20日 ――― 145・4～7

「人々はあなたの豊かないつくしみの思い出を」

「世々限りなく」そして「日ごとに」主をほめたたえるとはどうすることでしょうか。百年前、千年前、二千年前の過去の人々が「代は代へと」主をほめ歌った賛美を通して、主をほめたたえることです（4節）。さらに、今生きている者たちが経験した「主のいつくしみの思い出」をあふれるばかりに語り合い、歌うことによってです（7節）。主の「豊かないつくしみ」を一つ以上思い出してみましょう。
祈り「主よ、過去の賛美と現在の賛美が、未来の賛美を生み出すのですね。世々限りない賛美に連なる恵みを感謝します」

355

12月21日 ―― 145・8～13

「主はすべてのものにいつくしみ深く」

私たちは主の愛と恵みを限定して見ていないでしょうか。私たちは自分の仲間や身内のことを優先します。しかし主のいつくしみとあわれみは、イスラエルだけ、あるいはクリスチャンだけにではなく、造られたすべてのものに及ぶのです（9節）。「主のあわれみが尽きないからだ」（哀歌3・22）と哀歌が証しするとおりです。

主がクリスチャン以外にもあわれみ深い例を探してみましょう。

祈り「主よ、すべてのものに及ぶあなたの恵みに、私の目を開いてください」

356

12月22日 ―― 145・14～21

「主は倒れる者をみな支え」

この箇所の隠れたキーワードは何でしょう。「みな」であり「すべて」です。私たちは例外を考え、言い訳をします。しかし主には例外も言い訳もありません。「主は倒れる者をみな支え」（14節）ということは、倒れている者はだれでも、例外なく、主が支えてくださることを期待し、経験することができるということです。

主はどのようにして、今、あなたを支えているでしょうか。

祈り「主よ、私が倒れるとき、私を支えてください」

357

12月23日 ―― 146・1～7

「幸いなことよ……主に望みを置く人」

146篇から最後の150篇まで、ハレルヤで始まる賛美で詩篇全体がしめくくられます。詩篇は神への賛美、礼拝、そして祈りです。その詩篇を終えるにあたって、146篇は冒頭から、私たちの賛美が主なる神に向かうものであることに私たちの心を向けます。天と地を造り、苦しむ者を愛し正しいさばきを行う主こそ、礼拝の中心です。

あなたが主に望みを置いている(期待している)ことは何ですか。

祈り「幸いなことよ、主に望みを置く人。主こそ私の希望です」

358

12月24日――146・8～10

「主はかがんでいる者たちを起こされる」

主は弱い者、苦しむ者の主です。目の見えない者、かがんでいる者、寄留者、みなしご、やもめ等々を主は愛し、顧み、支え、解放してくださいます。主がそれをいつ行うかは、主の御思いの中にあることです。ある人は地上で、ある人は後の世で主のみわざを経験します。それでも主の真実と愛は決して変わることがありません。

主があなたを用いて起こそうとしている人は、だれでしょうか。

祈り「主よ、かがんでいる人を起こすあなたのわざに、私を加えてください」

359

12月25日――147・1～6

「主は心の打ち砕かれた者を癒やし」

なぜ主を賛美することは良いことなのでしょうか。神ご自身とそのみわざに私たちの目が開かれ、確信が深められるからです。賛美を通して、主がイスラエルを回復し、心の打ち砕かれた者を癒やし、星の数を数えるほど偉大で愛の父であるという確信を、私たちは深めます。救い主の誕生を喜ぶ天の軍勢とともに神を賛美しましょう(ルカ2・13～14)。まことに賛美は楽しく、麗しいのです。

あなたは心が打ち砕かれていますか。主を賛美しましょう。

祈り「ハレルヤ。まことに主を賛美することは楽しく、麗しい」

360 12月26日 ―― 147・7～11

「主を恐れる者」「御恵みを待ち望む者」

思い違いをしてはいけません。地のために雨を備え、山々に草を生えさせ、獣や烏の子に食物を与える主は、馬の力や人の足の速さを好まれません。主を恐れ、御恵みを待ち望む者を主は好まれるのです（11節）。すなわち、主こそ私たちの主であることを認めて御前にひざまずき、決して変わることのない主の愛に期待することです。「主を恐れる」ことを、自分のことば表現してみましょう。

祈り「主よ、私を、あなたを恐れ、御恵みを待ち望む者としてください」

361 12月27日 ―― 147・12～20

「主は羊毛のように雪を降らせ」

雪を見るとどのような思いになりますか。子ども時代のように雪遊びをしたくなるでしょうか。それとも雪かきの大変さや交通への影響が心配になるでしょうか。「主は羊毛のように雪を降らせ」（16節）。この箇所は自然の背後にある主の御手のわざを証ししています。自然のなせるわざも、私たちの守りも（13節）、主の御手のわざです。自然の中に現された主の御手のわざを一つ挙げてみましょう。

祈り「主よ、日々の安全も自然にも、主の御手があることを私に見せてください」

362 12月28日 ―― 148・1～6

「天において主をほめたたえよ」

天も地も主が創造しました。何もないところから神によって創造されたすべてのものは、創造してくださった方をほめたたえるのです（5節）。太陽や御使いを礼拝する人がいます。しかし、天も御使いも日も月も星も、造られたものはほめたたえられる対象ではなく、創造主をほめたたえるのです。

　天や太陽や月や星を見て、主を賛美したくなることがありますか。

祈り「主が造られた天も日も月も星も、すべて主をほめたたえよ」

363 12月29日 ―― 148・7～14

「地において主をほめたたえよ」

　天に続いて地においても、主をほめたたえよとこの詩篇は呼びかけます。大自然も生き物も、その営みを通して主の威光を現しています。神のかたちとして造られた人間は、御名を賛美することによって主の威光を現します。私たちもこの賛美に加わりましょう。

　地が主の威光を現している、と思う例を一つ挙げてみましょう。

祈り「主よ、地によって現された主の威光に、私の目を開いてください。私はすべての被造物とともに、主をほめたたえます」

364 12月30日 ―― 149篇

「敬虔な者たちは栄光の中で喜び躍れ」

　神の民である敬虔な者たちは、栄光の中で喜び躍ります。なぜでしょうか。主はご自分の民を愛し、必ず救ってくださるからです（4節）。そして、神は必ず勝利し、正しいさばきを行ってくださるからです（9節）。詩篇全体はそのことを私たちに確信させるものです。

　栄光の中で喜び躍ったことがありますか。それはいつですか。もし喜び躍った経験がなかったら、あなたに必要なことは何でしょうか。

祈り「主よ、私も栄光の中で喜び踊る者としてください」

365

12月31日 —— 150篇

「息のあるものはみな　主をほめたたえよ」

すべての被造物は神を賛美するために造られました。全被造物が神を賛美する中に私たちも招かれています。角笛、琴、タンバリン等の楽器や踊りをもって神を賛美するのです。言い換えると、賛美は全身全霊によるものです。頭も心もからだもすべてを用いて、主を賛美します。全被造物による賛美に全身全霊であずかりましょう。

百五十ある詩篇を読んで、あなたの賛美と祈りはどのように変えられましたか。

祈り「天の父なる神さま、詩篇を通して私をあなたの聖所に招き入れてくださり、感謝します。あなたは嘆きを賛美に変えてくださる方です。キリストの恵みにあって、御霊によって、息のあるものはみな、栄光の主をほめたたえよ。ハレルヤ」

「詩篇の祈りを自分の祈りとする」ための道しるべ

自分の祈りに満足している人がどれだけいるでしょうか。むしろ自分の祈りの貧しさ、力のなさを実感することのほうが多いのではないでしょうか。

私たちの祈りの貧しさは、祈りが土台を失っているからだ、とピーターソンは言います。私たちの祈りの土台は何でしょうか。神のことばです。神の語りかけに対する応答が、私たちの祈りなのです。そして、そのような祈りを学ぶ場が詩篇なのです。[1]

詩篇を祈るとはどういうことでしょうか。私たちは本当に、詩篇の祈りを自分の祈りとする飢え渇きと覚悟があるのでしょうか。詩篇の祈りに踏み込む真剣さがあるのでしょうか。詩篇の世界に一度踏み込んだ者は、もうそれ以前の世界には戻れないのです。その渇きと覚悟のない者は、詩篇の世界に踏み込まないほうがいいのかもしれません。しかし、そこに踏み込む者は、心を切り裂かれながら、主の深い恵みの世界に入り、安らうでしょう。足を踏み入れなければ決して味わうことのできない恵みを味わうからです。なぜなら――詩篇の祈りを自分の祈りとするということは、詩篇の嘆きを自分の嘆きとすることだからです。それは、詩篇の歓喜を自分のものとすることでもあるからです。そして、すべての神の民の嘆きと歓喜をお聞きになった主なる神のお取り扱いを受けることになるからです。

このことについて、ブルッゲマンは次のように語っています。「従ってわたしは、詩編をそれにふさわしく祈ることができるのは、人生の極限状況を生きている人、人生の最も深いところにある痛々しい傷や荒々しく強い情熱、純真な喜びに敏感である人だけだと考えます」[2]

ほむべきかな。ご自分の民の苦しみをご自分の苦しみとする主。

幸いなるかな。詩篇の苦しみと叫びが自分の苦しみと叫びとなり、自分の苦しみと叫びが詩篇の苦しみと叫びになる者。

「詩篇の祈りを自分の祈りとする」ことを求めていくときに、忘れてはならないもう一つのことがあります。クリスチャンにとって、祈りとは御子イエス・キリストによって導かれるものだということです。すなわち、「詩篇を祈る」ことと「キリストの御名によって祈る」ことは表裏一体なのです。ここでもボンヘッファーのことばが助けになります。「詩篇が私たちに与えられているのは、私たちがそれをイエス・キリストの名によって祈ることを学ぶためである」[3]。「私たちにとって重要なのは、ダビデでさえただ単に自分の心の個人的な充溢（じゅういつ）から祈ったのではなく、彼のうちに宿るキリストから祈ったということである。彼の詩篇の祈り手は確かに彼自身である。しかし彼の内にいます、彼と共なる祈り手は、キリストである」[4]

「詩篇の祈りを自分の祈りにする」とは、私たちの内で祈ってくださる御子イエス・キリストによって祈ることであり、聖霊によってそのことを求め、経験していくことなのです。私たちには自分の力で「詩篇の祈りを自分の祈りにする」ことはできません。だからこそ、キリストが私たちの内で、私たちのために詩篇の祈りを祈ってくださっているのです。私たちはこのキリストの祈りに、詩篇の一つ一つのことばを通して心を合わせるのです。このようにキリストとともに詩篇を祈ることによって、私たちは父なる神の栄光と恵みの世界に誘われているのです。

1　E・H・ピーターソン『牧会者の神学――祈り・聖書理解・霊的導き』越川弘英訳（日本基督教団出版局、一九九七年）、五九～六八頁。
2　W・ブルッゲマン『詩編を祈る』吉村和雄訳（日本基督教団出版局、二〇一五年）、三五頁。
3　ボンヘッファー前掲書、一三七頁。
4　前掲書、一三九頁。

あとがき

今日ほど詩篇のことばを必要としている時代はあったでしょうか。戦争、パンデミック、気候変動、自然災害、政治の混乱、人々の分断――私たちは心の平安を奪い去ろうとするものに囲まれています。三千年の時を隔てて、詩篇のことばは私たちの心を神に向けるものとして、ますますその価値を増しているのだと思います。

この小さな本はいくつかの段階を経てこのような形になりました。まず、学生時代から私自身の個人的な霊的養いとして詩篇を読んできたこと（特に悔い改めの詩篇である51篇や、メシアを待ち望む130篇などに心を導かれました）。続いて、ユージン・ピーターソン著 *Praying with the Psalms* (New York, NY: HarperSanFrancisco, 1993) を使っての数年にわたるディボーション。さらに、二〇二二年に中之条キリスト集会で行った詩篇ディボーションとその分かち合い。そして、二〇二三年の『百万人の福音』での連載。

この本は学問的な詩篇研究ではありません。詩篇のことばの黙想と祈りから生まれたものです。この手引きは詩篇のすばらしさのごく一部を扱ったにすぎません。詩篇の豊かさは汲みつくすことができないものです。しかし、私たちを満たしてあふれ出ないではいません。

私がこの数年詩篇を黙想し祈った期間は、「魂の暗夜」とも言うべき時期でした。まさに詩篇の叫びが私の叫びとなり、その叫びを通して主が賛美の心を導いてくださるようにと飢え渇いた時期でした。私の人生の最も苦しい時期に、主は詩篇を通して私に語ってくださいました。私が祈れないときにも、詩篇のことばが私の祈りとなりました。「詩篇のことばは（そして主は）決して私を見捨てることはない」ということを心の底から求め、受け止める経験でした。

本書を書き上げるうえでの相談相手はTremper Longman III, *Psalms*, TOTC (Downers Grove, IL: IVP, 2014) でした。全体を通しての良き同伴者でした。

執筆途中で多くの方々の祈りと支えをいただきました。

中之条キリスト集会の兄弟姉妹には、毎月一日分ずつ、実際に黙想と祈りを書いていただき、提供していただきました。これがこのシリーズ第五弾で新たに加わったことです。まさにディボーションが自分だけにとどまるものではなく、兄弟姉妹と互いに分かち合い励まし合うものであるということを経験しました。

表紙と月ごとの小鳥の写真は、土岐至孝さんから提供していただきました。詩篇のことばを黙想していく中で、外から聞こえてくる小鳥たちの鳴き声に何度も何度も心が励まされました。小鳥は神さまの恵みの世界を賛美し証ししている、とさまざまなさえずりのバリエーションを聞きながら実感しました。土岐さんの写真は、小鳥が神さまの創造した大自然を満喫し、謳歌する姿、そして小鳥が賛美する神さまの恵みの世界を証ししているものだと思います。二十数年来の親しい信仰の交わりと併せて感謝いたします。

そのほかにも、この小さな本を心待ちにしてくださった方々、お祈りくださった方々、家族、いのちのことば社編集部の方々に、心から感謝いたします。

窓越しに小鳥のさえずりと虫の音を聞きながら

二〇二四年九月一日

篠原　明

著　者
篠原　明（しのはら・あきら）

1964年生まれ。中之条キリスト集会牧会者（群馬県）、東京基督教大学共立基督教研究所研究員、英語教師。
早稲田大学、東京学芸大学大学院、リージェント・カレッジ（カナダ）、トリニティ国際大学（神学校、米国）で学ぶ。三位一体論と父性の研究で哲学博士（教育学）。
著書：『「霊性の神学」とは何か――福音主義の霊性を求める対話』（あめんどう）、『マタイの福音書 365の黙想と祈り』『パウロの手紙 365の黙想と祈り 1』『ヨハネの福音書 365の黙想と祈り』『使徒の働き 365の黙想と祈り』（以上、いのちのことば社）
訳書：ユージン・H・ピーターソン『若者は朝露のように――思春期の子どもとともに成長する』、J・I・パッカー『聖書教理がわかる94章――キリスト教神学入門』（両者ともいのちのことば社）

詩篇 365の黙想と祈り

2024年12月20日発行

著　者　篠原　明
印刷製本　モリモト印刷株式会社
発　行　いのちのことば社
〒164-0001 東京都中野区中野2-1-5
電話 03-5341-6923（編集）
03-5341-6920（営業）
FAX 03-5341-6921
e-mail:support@wlpm.or.jp
http://www.wlpm.or.jp/

新刊情報はこちら

ISBN978-4-264-04525-0